〔韩国〕孔元国 著

宋文静 译

第九卷 远交近攻

春秋战国

上海三联书店

主要登场人物

秦昭王（昭襄王，前324—前251）

奠定秦国统一六国基础的一位君主。年幼即登王位，朝政完全被宣太后和舅舅魏冉把持。任用范雎之后才真正掌握了王权，并采取了远交近攻的战略重新划分了战国时代末期的版图。逐走魏冉之后重用白起，取得了以长平之战为首的一系列战役的胜利。

魏冉（？—？）

直到公元前265年倒台之前，魏冉一直是事实上把握秦国政权的将军，也是一名外戚。作为宣太后的弟弟和秦昭襄王的舅舅，处于权力的中心并凌驾于国王之上。魏冉确立了破坏合纵的战略，也取得无数的胜利，但是最后被范雎逐走。

范雎（？—前255）

原是魏国人氏，后遭陷害，亡命秦国。对秦昭襄王提出了内逐外戚强化王权，外行远交近攻战略、追求实利外交的战略建议。被重用之后，破列国合纵之计，将韩国变为秦国的准属国并取得了长平之战的胜利。但是在邯郸之战中，因左右亲近投降敌军而获罪被逐。

白起（？—前257）

也叫公孙起，应为王室的远亲。在与山东诸侯国的战争中取得胜利，攻陷楚国首都，战后将数十万名敌军斩首。长平之战中杀害赵军40万人，后拒绝出战邯郸之战，被秦昭襄王和范雎杀害。

廉颇（？—？）

赵国一代名将。虽在长平因顽固采用持久战战术被免职，但是最后阻止了燕国的进攻，直到国都陷落之前为止，建立了卓越功勋。后因军权之争亡命他国，但是后来难忘故国，心生悔意，意欲回国，终客死他乡。

赵奢（? —? ）

与廉颇一起号令赵军的一代名将。阏与之战中采取佯攻战术使秦军疲于奔命，从而一举将其击败。以作战时重实际、重优势兵力而闻名。

信陵君魏无忌（? —前243）

魏国安釐王的弟弟。彻底的合纵主义者，主张联合反秦。长平之战中赵军大败，邯郸被围，果断窃取君主的兵符引兵救援邯郸，后滞留赵国。但后来受安釐王邀请回国，组成五国联盟反抗秦国。因名声凌驾于君主之上遭受怀疑，沉湎酒色而死。

春申君黄歇（? —前238）

楚国的战略家、政治家。与信陵君、平原君等一起，是合纵论的代表。因助滞留秦国的太子归国而获得声名。因参与邯郸保卫战建立功勋成为楚国的实权派，但后来被阴谋杀害。

平原君赵胜（? —前251）

赵武陵王的儿子，赵惠文王的弟弟，也是赵孝成王的叔父。长期辅佐多位君王，大体上是诚实之人。但是在长平之战中在未能联合列国之际就与秦国展开战斗，并且未能阻止换将，使赵国陷入危机。

吕不韦（? —前235）

卫国出身的大商人，积累起巨额家产成为大富豪。编纂《吕氏春秋》。遇到了在赵国陷入困窘的子楚，于是从物质和精神上给予他支持，并最终帮助他成为君主。子楚的儿子政（秦始皇）登上王位之后，担任秦国相国，后因受嫪毐叛乱案的牵连而忧惧自杀。

目　录

前　言

1. 大屠杀的时代

在接二连三的战争之后，从公元前 3 世纪中期开始，胜利的天平开始向秦国倾斜，秦国成为名实相符的天下诸国之首，除了秦国，没有其他国家敢轻易挑起事端。到了秦昭王漫长的统治末期，秦国隐约望见一统天下的曙光。

当时有两位性格迥异但都非常杰出的政治家先后辅佐秦昭王。第一位是任用白起、从军事上将秦国打造为强国的魏冉；还有一位就是在魏冉之后，通过运用"远交近攻"的策略在外交史上留下英名的范雎。如果说魏冉是杰出的野战司令官，那么范雎则是坐在屋里为秦国统一天下的雄心壮志而加油的策略达人。范雎通过将齐国发展为远方的友邦，令三晋为东边感到不安，并继续从西边不断蚕食三晋的国土。

范雎是改变当时战争形态的人。范雎一登场，既有的掠夺、付出代价、返还式的战争往来形态就被改变了，就像他自己说的那样，秦国"每得到一寸土地，就要真正变为秦国的土地"。同时，白起可谓是真正的战神，无论是在野战还是在攻城战之中，总能大获全胜。大约到公元前260年，如果秦昭王、范雎与白起的合作关系再持续十年的话，秦国一统天下的局面似乎就有目共睹了。白起攻下楚国国都，在华阳屠戮了十五万卫赵联军，在长平进行了战国时代最大规模的战争，并取得了胜利。通过这一系列的战争，韩国沦落为秦国的属国，秦国越过魏国，将战线扩张至东边的赵国。多次取得战争胜利之后，秦国自信满满，不再掩饰一统天下的雄心。秦国一边从三面同时开战，一边还肆无忌惮地恐吓邻国："如果有国家胆敢帮助我们的敌人，那么我们的军队马上就会调转过去攻打这个国家。"自己本国的百姓疲困了，秦国就征调被掠夺土地上的百姓；财物不够的话，就征调天下的财物与天下各国作战。

然而，到了生死攸关节点上的六国并不打算坐以待毙。攻势越猛烈，反抗也必然越激烈。这次给大家讲述的是一个血色更加浓郁的故事，故事的惨烈程度，甚至会干扰到各位晚上的梦境。除非有人一统天下，否则这种惨烈的战争就不会结束。当此时节，有无数的志士们互相较量智慧，亦有无数的勇士以生命为代价，在史书上留下英名。赵国的蔺相如在会盟场地果敢地斥责秦王，捍卫了国家的尊严；赵国猛将赵奢在阏与抓住难得的机会破秦，可惜的是，他的儿子赵括却在长平惨败给秦军，害得全体赵国将士全都做了秦国残忍刀锋下的冤死鬼。

本书中将接连讲述一场又一场激战，其顶峰便是公元前260年的长平之战。当时的战场今日已变成湖泊、荒地，只是间或还可以看到被锁具锁着的遗骨贮存处。据说当时在这场战争中殒命的年轻人多达四十万或四十五万，实在令人难以置信。

不久之后，名义上的宗主国周朝以及圣人周公的鲁国灭亡了，这宣告了姬姓天下的终结。楚国向东部扩张，开发吴国旧地；赵国继续一贯的机会主义作风，排挤燕国，曾经在国土西部损失的人力，在国土东部得到了补充。因为成皋与荥阳失守，导致韩国失去拱卫都城的防御网，落入秦国虎口。不过，魏国公子魏无忌仍然点燃了合纵最后的火花，两次挫败秦国的攻伐雄心。在这样的关头下，赵国商人吕不韦预感到秦国一统天下的局面即将到来，于是紧锣密鼓地暗中操作，最终秦始皇登上了历史舞台。

对于当时的各种历史过程，本文将会一一讲述。从序言开始就甩出战场杀伐的内容，对一直钟爱此系列故事，一直辛苦追随到本卷的读者们，笔者感到抱歉。具体的事例将在故事正文中讲述，当时，历史的风浪从西部滚滚向东袭来，序文将讲述处于这种历史风浪中心的一位男子汉的故事，讲述他的选择与逃避。

2. 大侠魏无忌——着眼大势的侠客

通常认为诸子百家奠定了中国文化的基础，且中心是法家与儒家。不过，笔者认为在儒家与法家的对立面上还有一股丰富中国文化的潮流，可称之为侠家。无论是士大夫阶层还是普通民众，当世界缺乏正义而又难以改变之时，人们总是呼唤义侠的出现。义侠以信义为道德信念，通常易受瞬时的感情影响，从而采取行动。因而，他们的行动令当时既有体制的拥护者感到恐慌。

本书所讲述的"侠文化"的创始者，正是魏国安釐王的异母弟——信陵君魏无忌。可以确定的是，魏无忌就算不是当时最重要的人物，也算得上当时最有魅力的人物之一。考虑到本书的目标不是站在已知者的立场去记录战争的胜败，而是阐明中国这个国度的诞生背景，因此，行文的着眼点在于从文化史的角度，阐明魏无忌行为的深远意义。他的言论没有像诸子百家一样自成一家，但树立了义侠文化的标志，这种标志在之后的两千多年里照亮了中国文化。

通常在坎坷多难的时代，侠都发挥着精神突破口的作用。在战国时代末期，魏无忌是唯一两次击退强大秦军的人物。不仅仅是击退秦军这么简单，他甚至差点挫败了秦国一统天下的雄心壮志。他是具备实力的大侠。即便如此，他最后还是抑郁而终。缘由在于，他虽然具备实力，但内心深处却仍然是个侠客。

侠是超越文本历史的本体论上的概念。战国时代末期，历史与现实的不和谐音找不到出口，积聚到一处，巨大的责任最终全都落到寥寥数人肩上，他们只有跨过死亡的大门，才能摆脱身上的责任。然而，残酷的历史甚至不肯将亡者的免死符递到死神手中，所以在当时，亡者一而再，再而三地再度死亡是常有的事。哪怕是在死亡之后也无法甩开重大责任的人们，该如何逃脱呢？魏无忌虽然被卷入这场历史的旋涡之中，但至少看起来很好地摆脱了旋涡。他的突破口正是走向侠义之道。

李白曾这样吟咏过：

赵客缦胡缨，吴钩霜雪明。

银鞍照白马，飒沓如流星。

十步杀一人，千里不留行。

事了拂衣去，深藏身与名。

闲过信陵饮，脱剑膝前横。

将炙啖朱亥，持觞劝侯嬴。

三杯吐然诺，五岳倒为轻。

眼花耳热后，意气素霓生。

救赵挥金槌，邯郸先震惊。

千秋二壮士，烜赫大梁城。

纵死侠骨香，不惭世上英。

谁能书阁下，白首太玄经。

——李白《侠客行》

4

邯郸城被包围了，正苦苦等待援军的到来。裹着头巾的赵国侠客显然是突破了秦军的重重包围。他们完成了什么事情呢？估计是完成了请援军的任务。侯嬴与朱亥又是谁呢？他们是协助魏无忌援救邯郸的两位侠客。这些人聚在一起，是在谋划什么事情呢？此处，"邯郸先震惊"指的是魏无忌率领八万大军援救赵国之事，"烜赫大梁城"则指的是他率众击退围攻大梁的数十万秦军之事。这些人的行动是多么单纯、洒脱！完事之后不露一点风声，三杯酒下肚，足矣。那些貌似超越世事、埋头读书，一旦有事爆发却又赶紧逃脱的书生是无法与这些侠客相比的。

侠客们在信陵拜谒的意气相投的魏无忌究竟是个怎样的人物呢？他是王族。他自幼爱打抱不平，亲自为偶遇的受冤女子解决问题，甚至敢僭越职权，抢夺一线将军的兵权去突破秦国大军，援救赵国；他因违反国法而被迫亡命，被召回故国后，却又遭到猜忌。于是，心灰意冷的他远离现实，沉迷酒色。被历史强制赋予重任的他，知道何时应当进取，何时应当放弃。

魏国与秦国是敌对关系，魏无忌出生在魏国王室，从出任官职开始，就不得不与秦国死战到底。这样他就被赋予了军事家的职责。同时，因为魏国地处中原，四面皆有邻国，于是他又揽下了决定与他国结盟还是绝交的外交战略家的职责。齐国的孟尝君充当东家，广招人才，魏无忌同样也广招门客。然而，当这些门客宣誓忠于东家而不是君王之时，君王怀疑猜忌的目光自然就落到了这个东家身上。同时，还有一点不应忘记的是，魏无忌发挥的作用还有一个，即他是战国时代所谓的异端文化，也就是边缘人文化的赞助者。这种文化称为"侠文化"也不为过。

不过，本书不是武侠小说，而是历史书。阐明侠文化的源头问题，是非常具有主观性的，与其说让历史来解决，不如说应该让文学来解决。历史书的任务在于阐明他并非多愁善感的义侠，而是以侠之精神改变历史的人物。他是连接历史潮流与侠之精神的人物，他就是所谓的大侠吗？

让我们来看一下魏无忌的生平。几个关键词：窃取兵符、抢夺兵权、沉迷酒色而亡。乍一看，他作为贵族，似乎没有过上很高贵的生活。更大的问题还在于他是王族。自古以来，曾有众多政治家及文人对他做出评价。与他生活时代相近的汉高祖盛赞他是英雄，但也有不少人认为他是窃取君权的罪人。尽管如此，他还是得到了一众政治家与诗人的偏爱。缘由在于，他并不单纯是侠客，而是塑造了大侠的要因所在。他揭示的不是个人的生存方法，而是其祖国的生存方向。他为何要救赵国呢？他的祖国魏国才是先于赵国遭到秦国攻打的国家。他以长平之战与邯郸之战为契机，登上历史舞台的前沿，再次推动了合纵的实现。他差点儿改变了历史。

尽管他通过救赵而救了自己的祖国，但作为王族，理应在君主的指挥下与敌国作战，像他这样窃取兵符并夺取兵权的做法怎么可行呢？有法家倾向的儒家学者荀子认为魏无忌的做法不可接受。不过，荀子还是评价道："信陵君之于魏国，可谓竭尽全忠了。"其理由在于，魏无忌运用侠义精神的目的不是为了个人，而是为了最终将战国时代的潮流朝着有利于魏国的方向扭转。魏无忌是为了共同体的安宁而实践侠义精神的大侠。

与此同时，《史记·魏世家》描述了魏无忌的合纵之策，如实展现了他作为现实主义者的面貌。当时秦国已经变得非常强大，这确是事实，但其他各国仍有反击秦国的机会。魏国不也曾有过非常强大的时期吗？魏国当时虽然保全了韩国，但实际上却把韩国变成了魏国的一个县，来抵挡秦国。作为一位侠客，魏无忌不畏惧强敌，不欺凌弱者，豪爽仗义；作为一个国家的王族，他也没有遗失现实感。

　　秦与戎翟同俗，有虎狼之心，贪戾好利无信，不识礼义德行。苟有利焉，不顾亲戚兄弟，若禽兽耳，此天下之所识也，非有所施厚积德也。（中略）夫韩亡之后，兵出之日，非魏无攻已。（中略）夫存韩安魏而利天下，此亦王之天时已。通韩上党于共、宁，使道安成，出入赋之，是魏重质韩以其上党也。今有其赋，足以富国。韩必德魏、爱魏、重魏、畏魏，韩必不敢反魏，是韩则魏之县也。魏得韩以为县卫，大梁、河外必安矣。今不存韩，二周、安陵必危，楚、赵大破，卫、齐甚畏，天下西向而驰秦入朝而为臣不久矣。

六国联合是关乎各国存亡的问题，若有贻误，有可能招致亡国。"现在韩国将亡，若不帮助韩国，可能明天灭亡的就是我们魏国。这并不是毫无缘由地帮助韩国，而是为了将韩国变为我们魏国的附属国，成为保护魏国的屏障，同时我们还可以用收取的关税来富国强民。"作为王族，魏无忌的确是一个现实主义者。

然而，如果魏王胆怯，不敢实行上面的政策，该怎么办呢？到那时，魏无忌就会以侠的方式，也就是说，只能忘掉王族身份，使用违背伦理的方法来强制实施。摆上三杯热酒，侠客们便聚到一起，"说举事"便举事。不过，既为侠客，一旦举事成功，便应放弃一切，退隐出局。魏无忌救赵之后，便罔顾各国的热望，从政治一线退了下来。在其兄魏王召其回国之前，他一直没有其他举动；一得到兄长的召唤，他便立即为国家服务；一遭到兄长的猜忌，他便退出政局，沉溺于饮酒。尽管他的方法未必正确，但皆是依大义而行动，同时也欣然接受付出的相应代价。这些都是魏无忌成为大侠的原因。

在序文中强调侠客魏无忌，并非想将复杂的历史缩小为语焉不详的个人历史。在当时的背景下，魏无忌并不单纯是一个个体，而是发挥着窥视时代故事之窗口作用的历史人物。之后的行文中，我们将阅读到令人惊心动魄的战国统一过程。我们在这里暂时先通过个人的视角来审视当代，从而回避历史书所经常陷入的结果论的陷阱中。从结论中找原因的方法，是将活生生的历史简化的决定论。

如果留存下来的都是完美之物的话，那么，胜利的旅程是不是从一开始就注定了呢？果真那样的话，历史便毫无讨论的余地了。同时，我们通过个人的视角来看历史，能够弥补古代史叙述中缺少现场感的局限。读者们也可以不断地反问自己：

"如果是我的话，会怎么做？"

正如后文中叙述的一样，这段历史中虽然偶有退步，但秦国一统天下的局势已不可阻挡。即便如此，为了避免今天蔓延的以决定论为中心的本末倒置的历史解读方式，本书仍然在序文中书写大侠魏无忌而非秦国。

那么，当时的背景下，何为目标？又有哪些行为是被理所当然地接受的？要想找到答案，需要我们摒弃决定论，通过流着温暖血液的大侠的眼睛去审视当时的时代。也就是说，保有恻隐之心与羞恶之心。希望各位读者也能够跟随历史潮流，带着闲适的心情，以大侠魏无忌的眼光去审视当时的时代。

第 1 章

秦国的南北方战略

我们常讲，战国时代秦国首先攻打三晋，但是实际上到公元前280年为止，真正需要面对秦国攻势的是三晋中的韩国和魏国，赵国尚且可以作壁上观。是因为秦国特别爱惜赵国，所以才不去攻打它吗？不过是因为攻打赵国太远而已。然而随着时间的推移，就算是赵国也已无法从秦国的攻击范围内逃脱了。大战爆发之前总会出现某些征兆。到了公元前280年的时候，秦国就逐渐开始挑衅赵国了。

　　在公元前278年又发生了一件足以撼动整个战国时代的大事，那就是秦国占领了楚国的首都郢。楚国是当时两大强国之一，进攻和防御都非常严密，但是怎么就被远道而来的军队占领了呢？当然，这要看带领远征军来的是谁。他就是之后二十年间令整个三晋都为之颤抖的秦国大将——白起。

1. 对中原后方的窥视——秦远赴东海攻齐的原因

我们还是再追溯一下几年前乐毅几乎将齐国灭掉的那次事件吧。我们都知道，秦国大军也参与了这次战斗。周边国家沉浸在瓜分偌大一个齐国的兴奋中，似乎忘记了出关的秦国将来会做出什么样的事情。秦国的相国魏冉是想要稳定自己的属国陶，这是明眼人都知道的事情。但是得到齐国的国土真的对秦国有什么好处吗？既无法得到那里的赋税，派少量军队驻守又很容易陷入孤立被包围，派大军驻守又需要迁移居民，花费也不菲。即便如此，秦军还是在齐国土地上深深地扎下了根。

随着时间的推移，诸国逐渐对秦国的本心产生了怀疑。那时候秦国虽然继续得到赵国的邀请攻打齐国，但是赵国也已经对秦国起了疑心。齐国的游说家们看到了这一点也开始游说其他诸侯。《史记·赵世家》中收录了苏厉写给赵惠文王的信件。这封信是不是苏厉写的难以考证，但是其中的分析却很清晰明了。

如今大王的贤德和功力，并非经常施之于秦国；积蓄的怨恨和怒气，也并非平素就对敝国特别深。秦赵两国联合（为了攻打齐国），强使韩国出兵，秦国真是爱贵国吗？秦国确实恨敝国吗？（中略）秦国不是爱惜贵国也不是恨敝国，这是秦国想要灭韩吞并东西二周，而将敝国抛出作为吸引全天下的诱饵啊。（中略）表面上说是对盟国有好处，实际上是要征讨空虚的韩国，臣认为秦国的计谋一定是从这方面考虑的。

吞并三晋攻打秦国的同时再将宋国吞并吃掉，这就是齐国齐湣王的目的。秦国也会做相同的事情。苏厉接着说了这样的话：

楚国长期受到攻伐而中山国却灭亡了，如今敝国长期被攻伐而韩国必定该灭亡了。攻破敝国，大王和六国共分其利。灭亡了韩国，秦国就单独占有它。占领二周，可以得到天子祭祀用的礼器。

这种分析很有意义。赵国抓到了一个之前诸侯们想抓都没抓到的空当将中山国吞并了。并且秦国当初就与齐国围绕齐湣王的地位争吵过，骄横的齐湣王跟诸侯列国结下仇恨就立即果断地介入东边的事务中去了。明明是自己想要做的事情却假装让别人去做。但是想要稳定自己远在东方的封地的魏冉，他的个人想法是什么我们不得而知，远道而来的大军能得到什么亦不可知。根据苏厉的分析，他们的目的就是让列国继续攻打齐国而无心关注西方。齐湣王将诸侯们的军队派去西方，采取了类似之前独自吞并宋国的策略。

如果韩国也去攻打齐国的话，那么韩国国内也将变得空虚，诸侯们忙于攻打齐国肯定也无暇顾及韩国。苏厉认为，国内守备空虚的韩国如果被秦国从西边攻击，加上东边的远征军如果也掉头攻击的话，那么韩国一定会灭亡的。在赵国看来这个主张是很有道理的。

不过，实际上赵国是不会出动军队跟秦国一起行动的，而是任用将军廉颇独自攻打齐国，从中渔利。两年后，秦国攻打赵国，获取两座城市，第二年又占据石城。据《史记·赵世家》中的记载，这主要是因为攻击齐国的时候，赵国没有满足秦国的要求。石城作为太行路上的要冲之地，位于连接赵国上党和首都邯郸的路上。到目前为止，秦国还没有如此深入并威胁到赵国。秦军在攻打齐国的同时也对山东诸侯们的情况了如指掌。当然，赵国也对秦国的本心有所了解。

赵国作为盛产良马和骑兵的国家，士兵作战很勇猛。如果秦军决定不顾太行山这个天然屏障的阻挡前来进犯的话，赵国也一定有可以组织军队与之对抗的人才。在这方面赵国还是很成功的。从那之后连续三十多年，赵国朝政一直被反秦派人士掌握，其中的代表就是身为王族的平原君赵胜。作为政治家的蔺相如很活跃，作为将军的廉颇与赵奢等也在抗秦之战中扬名天下。

面对日益临近的危险，维护国家尊严和利益的首选人才到底是谁呢？《史记·廉颇蔺相如列传》中高度评价了政治家蔺相如的业绩。接连的军事胜利和东边齐国的没落，使得秦国一时趾高气扬，与此对应，赵国大臣的活跃外交也如小说情节一般曲折，大幕逐渐拉开。

2. 蔺相如——凭借和氏璧维护国家的尊严

《史记·廉颇蔺相如列传》中，记载了一件令人啼笑皆非的事，这件事使秦国的本性在全天下暴露无遗。秦国想向赵国要一块名为和氏璧的玉，而赵国的蔺相如誓死保卫，最终完璧归赵。故事非常具有戏剧性以至于让人怀疑其真实性。列传中记载，秦国攻打石城的日子日渐临近，但是准确日期不详，大约像是在秦国攻打齐国之后的事情。列传中记载的十五座城都采用了夸张的形容。不过，就算是一个被夸张的故事，若全部说成是司马迁杜撰的话，那时间上未免也太近了。不如我们就脱离故事细节的真假，通过这个故事大概了解当时山东地区诸国对秦国是如何认识的，以及当时秦的地位如何。这个故事发生后不久，秦赵之间发生了血染太行山麓的血战，我们有必要把这个故事看作拉开这场血战帷幕的前兆。现在就让我们借助列传的记载去还原一下战争的现场吧。

赵国人蔺相如出身低贱。他是一个名叫缪贤的宦官头目的舍人，经常为缪贤提一些政治建议，缪贤对他的才能评价很高。

赵国的惠文王从楚国得到了一块和氏璧。玉，本来就是最珍贵的一种宝石，那块和氏璧似乎是楚国历朝历代传下来的有名宝物①。但是秦昭王听到这个消息以后，派人送信给赵惠文王，说愿意以十五座城池来换这块和氏璧。玉就算再怎么珍贵也没法跟十五座城

_____

① 《韩非子·和氏璧》中有关于和氏璧由来的内容，简要概述如下：楚人卞和在荆山中得到一块玉璞，捧着进献给楚厉王。厉王让玉匠鉴定。玉匠说："是石头。"厉王认为卞和是行骗，就砍掉了他的左脚。厉王死，武王继位。卞和又捧着那块玉璞去献给武王。武王让玉匠鉴定，玉匠又说："是石头。"武王也认为卞和是行骗，就砍掉了他的右脚。武王死，文王登基。卞和就抱着那块玉璞在荆山下哭，哭了三天三夜，眼泪干了，跟着眼睛中流出了血。文王听说后，派人去了解他哭的原因。那人问道："天下受断足刑的人多了，你为什么哭得这么悲伤？"卞和说："我不是悲伤脚被砍掉，而是悲伤把宝玉称作石头，把忠贞的人称作骗子。这才是我悲伤的原因。"文王就让玉匠加工这块玉璞并得到了宝玉，重赏了卞和。

厉王是公元前8世纪的人物，所以和氏的这块玉应该是战国时代在列国中声望最高的楚国的器物。但是为什么楚王室这么贵重的宝物到了赵国的手里呢？这可能有过度猜测之嫌，但是这是不是受秦国袭扰苦不堪言的楚国给赵国的礼物呢？这样的话，和氏璧应该算作楚和赵联合的象征，如果将其交给秦国的话，对于赵国王室会是一种莫大的耻辱。秦王提出用十五座城池交换和氏璧的建议，是不是猜测赵国心意的一种政治战术呢？

池相比，所以这话听起来就像是想要凭空夺走和氏璧的一种威胁。

于是，赵惠文王就在朝堂上召集了以大将军廉颇为首的众大臣进行商议。即使给了玉，秦好像也不会给城池，但不给的话就等于拒绝秦昭王的要求，恐怕会引来兵祸。这是秦国抛出的诱饵。不过就算这块玉不是什么了不起的东西，但是如果白白给了秦国而又得不到城池的话，也会沦为天下人的笑料。这时候缪贤站出来说话了："臣的下人当中有一个叫作蔺相如的可以担当使臣的重任。"

王又问："为什么他可以呢？"

缪贤回答说："臣早些年曾经犯过罪，心里有亡命燕国的计划，正在这时候臣的下人蔺相如制止了臣，说道：'您是怎么认识燕王的呢？'臣回答说：'我跟随大王在国境会盟的时候，燕王曾经亲切地拉着我的手，跟我说想要跟我成为朋友。这样我就知道了他的心。所以我想去那里。'说到这里，蔺相如对臣说：'那时候燕弱赵强，您得到大王的宠爱，所以燕王才想跟您建立朋友关系。但是现在您如果从赵国跑去燕国的话，燕国不仅不会帮你躲藏反而会捉住您，将您送回来。您现在还不如自缚双手，胸挂斧头前去请求惩罚来得好。幸运的话，说不定您还能得到赦免呢。'所以臣听从了他的建议，所幸大王也饶恕了臣。所以臣仔细地想了一下，认为他是一个有智谋又有勇气的人，是一个可肩负使臣之命的合适人选。"

如果真是这么有远见的人物不也值得一见吗？于是惠文王就把蔺相如唤来进行询问。

"秦王说要用十五座城池来换取寡人的和氏璧，你说寡人是给呢，还是不给呢？"

蔺相如回答说："秦强赵弱，不能不答应。"

王又问："给了他们玉，他们不给寡人城池怎么办？"

蔺相如回答说："秦如果愿意以十五座城池的代价来换我们的和氏璧，我国如果不答应的话，那么过错就在我们身上。如果我们给了玉，他们不给城池，那么过错就在对方身上。两相权衡的话还是给他们玉，将过错推到他们身上为好。"

从他们的对话来看，玉本身并不重要，秦是想要通过这个来试探赵，赵如果失了体面才是最令人担心的。王又问："谁可担当使者？"

蔺相如回答说："大王现在一定是没有合适的人选，臣愿意携玉前往。他们如果把许诺的城池给我们的话，臣就会把玉给他们；如果不给的话，臣会把玉完完整整带回来的。"

于是赵惠文王就把玉给了蔺相如，并把他送去了秦国。秦国到底能耍什么花招呢？从这时起，蔺相如就开始了他活跃的政治生涯。

秦昭王坐在章台之上接见了蔺相如，蔺相如把玉献了上去。秦王很高兴并传给各位美人及左右的大臣观看，众人高呼万岁。从众人高呼万岁的情形来看，或许这块玉真的有那么神奇，又或许是当时流传着此玉有着后世传国玉玺一样的神力，比如"得此玉者得天下"等传说。但是秦昭王拿到和氏璧之后却绝口不提给赵国城池的事情，只是在那里很高兴。看到这里，蔺相如一下子就明白了。马上，蔺相如开始发挥他的聪明才智了。他走上前，说道："这块玉还有一处瑕疵，让臣指给大王看吧。"

秦王没有多想就把玉给了蔺相如，蔺相如一拿到玉就立马起身后退抵在柱子上，怒发冲冠，盯着秦王说道：

"大王想要这块玉，派人送信给我们大王，我们大王召集了所有大臣商讨这件事。大臣们都说：'秦贪得无厌，只是想要凭借自己的强大和花言巧语得到我们的玉而已，我们是得不到城池的。'因此决定不把玉给你。但是臣认为：'哪怕仅仅是布衣平民相互交往的时候都知道不能相互欺骗，更何况大国呢，况且为了区区一块玉拂了强秦的好意也不好。'于是我们大王斋戒五日才在朝廷上把玉和国书谨慎地交到臣的手上。为什么这么做呢？是因为我们重视大国的威严，所以才恭敬大国的威严啊。但是臣到达以后，大王对臣态度很傲慢，拿到宝玉后传给美人观看以此戏弄臣，臣看大王没有要给我们大王城池的意思，因此臣决定把玉拿回来了。大王如果再逼迫臣的话，臣的头就与和氏璧一起撞碎在这根柱子上。"

已经决定不辞一死的蔺相如气势如虹。他拿着玉作势要自尽。秦王一看，担心把玉撞坏了，就赶紧制止了蔺相如并向他谢罪。接着就把执事喊来，指着地图说哪里到哪里的十五座城池归属赵国。但是在蔺相如看来这依旧是在说谎。从一开始就像是在欺骗别人的秦王，由于蔺相如说要打碎宝玉所以才改变心意，这样更令人无法相信。所以他又堂堂然地要求道：

"和氏璧是天下公认的宝物，我们大王恐惧所以不敢不献。我们大王献玉的时候曾经斋戒五日，现在大王也要斋戒五日并且在前庭准备九宾接见之礼，臣才敢将宝玉奉上。"

秦国虽然强大但是敢欺骗使臣吗？蔺相如期望赵国能得到跟秦国对等的待遇。秦王到底没敢强夺宝玉，答应斋戒五日，并让蔺相如住在广成传。广成传可能是专门接待国宾的官舍。

但是蔺相如这样做只是为了争取时间而已，并不是真的要把玉给秦王。他让随从穿上平民的衣服伪装身份，拿着玉从小道跑回了赵国。于是玉重新回到了赵国的手上。

而秦王按照蔺相如的要求斋戒五日之后，设好了接待国宾的典礼，将蔺相如重新请了过来。但是来到接待现场的蔺相如说出了非同凡响的话："穆公以来，贵国的二十多位君主没有一位是能遵守前约的人。事实上，臣受到大王的欺骗，害怕大王做背弃敝国的事情，已经派人将玉带回敝国了，这时候恐怕已经到了。贵国如此强大，敝国很弱小，大王派出使臣去敝国就可以把玉取回来。现在强大的贵国如果先把十五座城池给敝国的话，敝国又哪里敢不给玉而得罪大王呢？臣深知自己欺骗大王的罪过，必死无疑，所以请求进入煮沸的铜锅。现在大王就跟诸位大臣好好商议一下这件事吧。"

蔺相如气势如虹。秦国君臣听了他的话后一时语塞，目瞪口呆地互相望着对方。已经下定决心不辞一死的人还有什么是做不出来的呢？秦昭王的人想把蔺相如拖下去，这时候秦昭王说话了："现在就算是杀了蔺相如也得不到宝玉，反而会破坏秦赵间的友好关系。不如借此机会厚待他并将他送回赵国去吧。赵王怎么会因为一块玉来欺骗我国呢？"

于是蔺相如平安无恙地回到了赵国，凭借自己的智慧维护了国家的尊严和荣誉，赵惠文王决定封他为上大夫。秦国当然没有给城池，所以和氏璧也留在了赵国。肯了解一介宦官的舍人的才能，并且能对其破格任用，由此看来，赵惠文王也是一位非常有见识的君主。

根据接下来的列传记载，这件事情之后，秦国攻取了赵国的石城，并于第二年再次攻打赵国，杀了两万多人。根据《史记·六国年表》，秦国攻取石城的时间是公元前 281 年，秦国攻打赵国并斩首两万或者三万人是在那之后的第二年。秦国攻打了什么地方呢？《史记·秦本纪》记载，秦昭王二十七年（前 280），秦军兵分两路出征。司马错从蜀地攻取楚国的黔中，白起攻赵夺取光狼城（"白起攻赵，取代光狼城"[①]）。不论秦从哪里攻击，赵国现在已经进入了秦国的攻击视野，今后将受到更加猛烈的攻击。

3. 渑池会盟——不肯屈服的赵国

然而，第二年，秦国就满怀野心地向赵国提议要举行会盟。这到底是什么原因呢？因为此时秦国的兵力都集中在南方攻打楚国，举行会盟是为了避免赵国的介入。赵国看到白起转移到南边楚国的前线去了，就知道了秦国的真实意图。数年间深受楚国之害的赵国

---

① "光狼城"位于今天山西省的高平。在后来的长平大战中，这个地名会再次出现。除此之外，"代"这个字要么是错误使用，要么就是司马迁将别的名字错写成了"光狼城"。

也不敢站到楚国一边，因为两线作战对赵国来说很有负担。所以公元前279年，历史上著名的渑池会盟开始了。蔺相如又一次来到了会盟现场，并给人留下了深刻的印象，同时向世人展示了赵国和秦国的对等关系。

蔺相如能够如此活跃的原因是他得到了赵国王室的支持。赵国即使让步也不会得到任何东西。像韩国和魏国一样，虽然都让步了，但是并没有得到和平，只是被白白地被夺走了土地。秦国已经完全无视奄奄一息的韩国。秦国如果沿黄河来到太行山南部的话就可能会对赵国实施攻击，如果从西部越过西河（从鄂尔多斯到石门之间，南北流淌的黄河），就可能组成骑兵和步兵的混合兵团对赵国的北方实施攻击。虽然赵国跟秦国一直没产生什么利益冲突，同时也并没有对秦进行先发制人的打击，但是秦国一直不辞路远地前来攻击赵国，甚至一度威胁韩国和魏国（分别位于赵国的西方和南方）为自己让路。一再退让也没换来秦国的友好，赵国最终明白，秦国想要的是自己的屈膝投降。这次在会盟地蔺相如也展露出锋芒。通过《史记·廉颇蔺相如列传》的记载，我们来一睹蔺相如当日的风采吧！

公元前279年，秦昭王的使者到访赵国并说道："我们大王想在西河外的渑池与大王进行友好的会面。"

这是比索要和氏璧更加重大的事件。赵惠文王感到害怕而不想去，但是蔺相如不这么想。

"大王如果不去的话，他们会认为我们赵国是弱国，因为害怕不敢去。"

于是蔺相如说服了赵王并随行。廉颇将军护送赵王出境并悲壮地说道："这次行程，来回的路程加上会盟的时间不会超过三十天。如果三十天后大王还没有回来的话，请大王允许臣立太子为王，以断绝秦国的念想。"

秦国扣押楚怀王并最终导致楚怀王客死异乡的事情就是不久前

发生的。不过，赵惠文王还是答应了秦国的邀请。于是，赵王一行到达了渑池进行会面。

会盟现场弥漫着紧张的气氛。秦国首先开始挑衅了。酒意渐浓的秦昭王对赵惠文王说道："寡人听说大王喜欢音乐。能为我们鼓瑟一曲吗？"

这简直是无理的要求。如果真正是友好关系的话，应该自己先演奏一曲，然后才能请求对方演奏。就在不久前还出兵攻占赵国城池并杀戮赵国三万士兵的秦昭王，现在却像吩咐臣下一样要求赵王首先演奏乐器。赵惠文王对此极为生气，却又没法拒绝，只好勉强演奏了一曲。完事以后，秦国史官出来记载：

"某年某月，秦王与赵王一起相会喝酒的时候，秦王命令赵王鼓瑟。"

既然是对等的关系竟然使用"命令"之类的字眼，对此，蔺相如再也忍不住了。他站出来，说道：

"赵王听说秦王擅长乐器，请大王为我们击盆缻助兴。"

秦昭王大怒并执意不肯。这不是戏弄大国的君主吗？然而蔺相如已上前跪举着盆缻，秦王还是不想击盆缻。于是，蔺相如威胁道：

"臣与大王只不过五步的距离，大王不肯击盆缻的话，臣就让自己的颈血溅到大王的身上。"

秦王左右欲上前将蔺相如拿下，但是被蔺相如以眼神制止。于是秦王虽然很不乐意，但也只好象征性地敲了一下。这时蔺相如也唤出赵国的史官，要求他记载：

"某年某月，秦王为赵王击盆缻。"

赵王都鼓瑟一曲了，蔺相如要求秦王击盆缻一次他竟然都拒绝，这是傲慢的秦王的失礼。不过，微妙的是，这里面暗藏着有深意的玄机。为了解开这个玄机，我们来看一下这个名为"盆缻"的乐器的整体构造吧。盆是一个口儿比较大的罐子，缻是一个小的长鼓，盆缻是一件简朴的打击乐器。像李斯的名篇《谏逐客书》中说的那样①，秦国是偏西部的国家，没有精巧的音乐，所以敲着缸之类的东西唱歌比较土气。现在蔺相如说由于秦王擅长秦国的这种土里土气的乐器，所以让他为大家助兴，其实隐含着指责秦国的野蛮本性的意思。这场暗斗渐渐要达到高潮了。

秦国的许多大臣站出来说："请贵国拿出十五座城池来为我王祝寿。"

于是蔺相如也接着说道："请贵国将咸阳献给我王祝寿吧。"

咸阳乃是秦国的国都。这样直到筵席结束的时候，秦国也没能占得蔺相如的便宜。因为赵国出动了很多军队应对秦国的挑衅，所以秦也不敢随便动手。蔺相如在会盟现场的沉着冷静，令人立马想到郑国的子产。但是时代已经变了，双方的言辞都杀气腾腾。蔺相如在会盟现场的表现独树一帜。因此，回国后，蔺相如得到了上卿的位置，列于廉颇的将军之上。

廉颇乃是赵国第一武将，对于这种情况一时难以适应。

"我在赵国作为将帅率领士兵攻城拔寨，在荒野之上与敌人作战，建立了很大的功勋，蔺相如凭什么只凭着动动唇舌的功夫就能位列我之上？而且蔺相如本是出身低贱之人，我感到耻辱而不愿意在他之下。"

所以他放出话来说："我见到蔺相如一定要当面羞辱他。"

蔺相如听到这些话之后就一直回避跟廉颇正面相遇。早朝的时候只要有廉颇在场，蔺相如就会称病请假不出门，外出的时候远远看见廉颇就会引车回避。事情到了这个程度连蔺相如的下人都开始表达不满了。

"我们远离自己的亲人前来侍奉相国，全是因为敬仰相国的大义。

---

① "夫击瓮叩缶弹筝搏髀，而歌呼呜呜快耳者，真秦之声也；《郑》《卫》《桑间》《韶》《虞》《武》《象》者，异国之乐也。今弃击瓮叩缶而就《郑》《卫》，退弹筝而取《韶》《虞》，若是者何也？"意思就是说秦国的音乐和乐器很土气，不像山东诸国那样华丽。

现如今，相国跟廉颇将军同朝班列，他口出恶语，相国反而害怕得躲起来，相国未免也太害怕他了吧。低贱之人都会觉得害羞，更何况是作为相国的您呢？请恕我们不才，就此告别了。"

蔺相如恳切地说道："你们觉得廉颇将军比之于秦王如何？"

"不如秦王。"

蔺相如慢慢地说道："威武如秦王，我都可以在朝廷上指责他，并且羞辱他的大臣。我虽然愚钝，但是又怎么会害怕廉颇将军呢？回头想一下，强秦之所以不敢出兵我国就是因为我国有我和廉颇将军的缘故啊。两只老虎相斗的话必然不能俱存。我之所以躲避廉颇将军，是因为将国家的安危放到私人恩怨的前面啊。"

廉颇也是非常直爽的人，蔺相如的这番话传到他那里后，他当场就脱去上衣，与宾客们一起到蔺相如府上请罪。

"没想到相国如此忍让我这个卑贱的人。"

于是，两人就此和好并结为刎颈之交[①]。在随后的几年时间里，廉颇和蔺相如一起致力于攻打齐国，拓展赵国东部的土地，意图在齐国遭受燕国攻击战败之时出兵攻打。

当时赵国除了廉颇和蔺相如之外，还有一位名叫赵奢的杰出将领。一个国家人才多了的话，邻国便不敢胡来。赵奢和廉颇在后来秦赵之间的决战中都发挥了重要作用。赵国人才很多，而且在三晋之地中反秦态度一直最坚定。此时一场大规模的战争也正在悄悄来临。

4. 楚都的沦陷——尸体填平水湖

公元前 278 年，楚国首都郢沦陷。像前面提到的，之前秦王之

---

① 笔者只是将列传中非常具有戏剧性的描写进行了直译。但是不管是因为什么契机，后来廉颇和蔺相如确实成了一对黄金搭档，共同辅佐赵国国君。

所以与赵王进行渑池会盟，就是因为正在集中兵力攻打南方的楚国。令人遗憾的是，史书中并没有对这一重大历史事件进行详细的描述，也许是因为汉代时许多重要的历史资料就已经遗失殆尽吧。除了《史记》，在《水经注》中有过零星的只言片语，另外也只有在当时知晓楚国状况的《战国策》中有记载。不过，鉴于这个事件的重要性，有必要依据《史记》的各个部分对其进行重新还原。

吴王阖闾攻陷楚国首都的时候，秦国的援军曾经赶来救援。然而现在秦国自己却想要攻打楚国的首都。楚国是战国时代的第二大强国。然而，由于这次事件，楚国已不具当年与秦国旗鼓相当的势力，沦落成六国中的普通一员。

强国的首都怎么可能被一举攻破呢？我们暂且先不提秦国连年来通过战争扩大自己土地范围的事情。如果考察别的要素的话，首先就是近十年间，在秦国的东进政策下，韩国的三川都已在秦国的掌握之中。韩国如果想要救援楚国的话，一定会遭到秦的报复。因此韩国对楚国的救援请求视而不见，楚国得不到外来支援。另外，因为蜀国的土地也被秦国占领，所以秦国可以调配蜀国的物资，轻易地用船载着就可以到达楚国的西部领土。面对这种情况，楚国需要做的是兵分两路，一路在北部汉水一带实施阻击，另一路阻断长江的水流。从水陆并进的作战特点上来看，占据上流的一方将非常有利。

另一个主要原因就是秦王的舅舅，也就是相国魏冉的强烈野心。《水经注》第31卷中记载："秦拔鄢郢，即以为县，秦昭王封相魏冉为侯邑。"魏冉占领楚国的土地，是因为他意图将其变为自己的封地。已经得到遥远的陶作为封地的魏冉，如果能再得到楚国的话，那他就会位列列国君主之上了。

最后一个主要原因就是，野战军指挥官的能力。秦国有一位号称至今天下无敌的将军白起，他的谋略和勇气足以令对手垂头丧气。现在让我们把这些分散的记录整合，再现当时的情况吧。

据《史记·穰侯列传》记载，魏冉再次担任秦国相国的第四年（前278年），命令大将白起攻占楚国郢都设立南郡。白起也因为这次战事被封为武安君。白起是被穰侯魏冉提拔和重用的人物，两人的关系很不错。《史记·秦本纪》记载，公元前280年，白起正在攻打赵国，就在那一年，在白起之前，司马错首先从陇西出发，途经蜀国，对楚国的黔中实施了攻击。《史记·楚世家》记载，那年秦国攻打楚国，楚国战败，将上庸和汉北割让给秦国。然后根据记录很容易就可以推测出，在那之后的第二年，秦军一路从蜀国出发，另一路沿汉水顺流而下离开了。

公元前279年，秦赵会盟之后，在赵国前线作战的白起突然离开，出现在了楚国。白起直接攻下了楚国的鄢和西陵。第二年竟直入楚国郢都，将楚国历代王陵所在地夷陵一把火烧光。楚顷襄王抵挡不住，往东边的陈城退去。在那之后的第二年，蜀军太守张若攻击楚国，夺取巫郡和江南，设为黔中郡。张若设黔中郡在公元前277年。这样这场战争是从公元前280年开始，公元前277年结束的。

遗憾的是，详细记载这场战争经过的文献没有找到。不过鄢就是今天湖北省的宜城，黔中在长江边上，所以我们可以知道当时秦国军队至少是兵分长江和汉水两路，而汉水一路军队是由白起率领的。从年代上我们可以看出这场战争不是一时兴起而发动的。当时至少动员了三十万的秦军。白起实际上是一个很冷酷的人物。在白起攻打鄢的战争中，《水经注》第28卷有一则非常残酷的记载：守卫鄢城的数十万楚国人的尸体将一个湖填平。

> 夷水（鄢水）又东注于沔。昔白起攻楚，引西山长谷水，即是水也。旧堨去城百里许，水从城西灌城东，入注为渊，今尉斗坡是也。水溃城东北角，百姓随水流，死于城东者数十万，城东皆臭，因名其陂为臭池。

镌刻着秦人痕迹的秦国遗物铜镜　云梦虽是楚国的象征，但是因为白起的进攻而落入秦国手中。这件遗物可以看出与猛兽搏斗的秦国武士的坚韧气质。

这虽然只是反映当时战况的唯一资料，但也向我们清晰地展示了战神白起的真实面貌。他使用了所有能够使用的方法：从城西一百里的地方就将水阻断，等到水满以后放水冲城，改变城市水道使得河水无法流到别处，只能集中在城市两边的堤坝内。我们虽然可以无视当时的记载，但是鄢城人却对秦军进行了顽强的抵抗，相应地也遭到了残酷的杀戮。

看来郢的被夺与在鄢城的杀戮也是有关系的。积极抵抗的鄢城人被杀戮的下场，使得郢的百姓陷入了恐慌。而且白起还把楚国先祖陵墓所在地夷陵也焚烧殆尽。不管什么样的战况，怎么可以烧毁对方国家先祖的陵墓呢？曾经，燕国在攻打齐国的时候也发生过随意破坏王陵的事情。虽然史书中没有记载，但这可能是因为在历时数年的这场战争中，楚国人的顽强抵抗激怒了白起，也或者是白起为了瓦解楚国的抵抗意志而采取了这样的行动吧。最终郢沦陷了，楚顷襄王跑到东边的陈城躲避，并在那里构筑了防御网。

事实上郢虽然处于汉水和长江的包围之中，但是因为处于水路进出的地带，远离山脉，并不是易于防守之地。楚国的传统做法是在前方基地首先阻击敌军。因此，在鄢沦陷的同时楚国也做好了把郢都抛弃的思想准备。陈城就是今天的淮阳。逃到那么远的地方，楚国真的可以恢复过来吗？会不会就那样消亡呢？

公元前 276 年，楚顷襄王募集了十万名士兵将沦陷的长江沿岸的十五座城池重新收复，并设置郡县抵御秦军，勉强算是赢回了面子。

5. 春申君的游说——假若两虎相斗

然而秦国的攻势并没有停止。后边也会说到，公元前 273 年，秦国在华阳大破赵魏联军。之后，又驱使赵国和魏国的军队去攻打楚国。在描述发生在华阳的那场战争之前，我们先来看一下今后引领楚国未来的人物春申君，看看他在面对当时的危机时是怎样处理的。下面以《史记·春申君列传》中的内容为基础，继续我们的故事吧。

在华阳之战胜利之后，秦昭王命令白起将韩魏两国的军队合并，驱赶他们前去攻打楚国，但是当时还没有出发。楚国陷入了莫大的恐慌之中，这时一个名叫黄歇，日后以春申君的名字而名声大噪的人给秦昭王递上了一封游说信。《史记·春申君列传》中记载的这次游说应该是发生在公元前 272 年，华阳之战后的第二年。先让我们看一下他的这份严谨的计划吧。

> 天下莫强于秦、楚。今闻大王欲伐楚，此犹两虎相与斗。

白起虽然是名将，但是不过两年多的时间就使得秦国军队缭乱不堪，秦国的将士们也很疲惫。将来说不定在楚国有几座城邑又会发生叛乱。黄歇尽力地游说秦昭王，说现在就是收兵的时候。

> 两虎相与斗而驽犬受其弊，不如善楚。臣请言其说：臣闻"物至而反，冬夏是也。致至而危，累棋是也。"今大国

之地，遍天下有其二垂，此从生民已来，万乘之地未尝有也。先帝文王、庄王之身，三世不妄接地于齐，以绝从亲之要。今王使盛桥守事于韩，盛桥以其地入秦，是王不用甲，不信威，而得百里之地，王可谓能矣。王又举甲而攻魏，杜大梁之门，举河内，拔燕、酸枣、虚、桃，入邢，魏之兵云翔而不敢救。王之功亦多矣。王休甲息众，二年而后复之；又并蒲、衍、首、垣，以临仁、平丘，黄、济阳婴城而魏氏服；王又割濮磨之北，注齐秦之要，绝楚赵之脊，天下五合六聚而不敢救。王之威亦单矣。

黄歇到底想说什么呢？筋疲力尽的秦国继续攻伐的话，那么三晋必将会再次强大。

王若能持功守威，绌攻取之心而肥仁义之地，使无后患，三王不足四，五伯不足六也。王若负人徒之众，仗兵革之强，乘毁魏之威，而欲以力臣天下之主，臣恐其有后患也。诗曰"靡不有初，鲜克有终"。易曰"狐涉水，濡其尾"。此言始之易，终之难也。何以知其然也？昔智氏见伐赵之利而不知榆次之祸，吴见伐齐之便而不知干隧之败。（中略）今王妒楚之不毁也，而忘毁楚之强韩、魏也。臣为大王虑而不取也。

黄歇的主张就是这样。虽然秦国想要驱使韩国和魏国的军队攻打楚国，但秦国能够信得过这些雇佣兵吗？他们这些人一直都忍受着秦国带来的凄惨生活，形势一旦有变化他们就会背叛。他们到底有多凄惨，黄歇对此有着令人毛骨悚然的描述：

诗曰"大武远宅不涉"。①从此观之，楚国，援也；邻国，敌也。诗云"跃跃毚兔，遇犬获之。他人有心，余忖度之"。今王中道②而信韩、魏之善王也，此正吴之信越也。臣闻之，敌不可假，时不可失。臣恐韩、魏卑辞除患而实欲欺大国也。何则？王无重世之德于韩、魏，而有累世之怨焉。夫韩、魏父子兄弟接踵而死于秦将十世矣。本国残，社稷坏，宗庙毁。刳腹绝肠，折颈摺颐，首身分离，暴骸骨于草泽，头颅僵仆，相望于境；父子老弱系脰束手为群虏者相及于路。鬼神孤伤，无所血食。人民不聊生，族类离散，流亡为仆妾者，盈满海内矣③。故韩、魏之不亡，秦社稷之忧也，今王资之与攻楚，不亦过乎！

这应该是黄歇借三晋的例子来表达在鄢惨遭杀戮的本国百姓的遗憾吧。接下来他说："秦国即使赢得了战争，也无法最终得到楚国；秦国即使占据了楚国，也得不到任何利益。"

且王攻楚将恶出兵？王将借路于仇雠之韩、魏乎？兵出之日而王忧其不返也，是王以兵资于仇雠之韩、魏也。王若不借路于仇雠之韩、魏，必攻随水右壤。随水右壤，此皆广川大水，山林溪谷不食之地也，王虽有之，不为得地。是王有毁楚之名而无得地之实也。

---

① 此处为语法倒置，意思是"大武不远宅而设"。

② "中道"就是正在征伐楚国的意思。

③ "刳腹绝肠，折颈摺颐，首身分离，暴骸骨于草泽，头颅僵仆，相望于境；父子老弱系脰束手为群虏者相及于路。鬼神孤伤，无所血食。人民不聊生，族类离散，流亡为仆妾者，盈满海内矣。"这是能表现出黄歇文章功底的难得一见的名篇。黄歇暗暗表达出了"甚至我们楚国都遭遇了这样的不幸"，借以揭露秦国的暴行。

这样秦国攻打楚国的话，谁将得到真正的好处呢？那就是三晋和齐国。

　　且王攻楚之日，四国必应悉起兵应王。秦、楚之兵构而不离，魏氏将出而攻留、方与、铚、湖陵、砀、萧、相，故宋必尽。齐人南面攻楚，泗上必举。此皆平原四达，膏腴之地，而使独攻①。王破楚以肥韩、魏于中国而劲齐。韩、魏之强，足以校于秦。齐南以泗水为境，东负海，北倚河，而无后患，天下之国莫强于齐、魏，齐、魏得地葆利而详事下吏，一年之后，为帝未能，其于禁王之为帝有余。夫以王壤土之博，人徒之众，兵革之强，壹举事而树怨于楚，迟令韩、魏归帝重于齐，是王失计也。

黄歇提出这样的防御对策：如果不再攻打楚国的话，楚国就会成为秦国的友邦。跟楚国成为友邦以后，韩国和魏国就成了实质上的属国，这样天下就分为南北两部分，从此就再也不能联合起来对抗秦国了。这样的话，统一大业指日可待。

　　臣为王虑，莫若善楚。秦、楚合而为一以临韩，韩必敛手。王施以东山之险，带以曲河之利，韩必为关内之侯。若是而王以十万戍郑，梁氏寒心，许、鄢陵婴城，而上蔡、召陵不往来也，如此而魏亦关内侯矣。王壹善楚，而关内两万乘之主注地于齐，齐右壤可拱手而取也。工之地经两海，要约天下，是燕、赵无齐、楚，齐、楚无燕、赵也。然后危动燕、赵，直摇齐、楚，此四国者不待痛而服矣。

---

① 《史记·春申君列传》中"而使独攻"的含义不明确，《战国策·秦策》中则说"……而王使之独攻"，这样就叙述得很具体了。

秦王恍然大悟："原来如此啊！"随后就下令白起终止进攻，向韩国和魏国道歉说不能一同出兵之后，又向楚国派遣了使者并送去礼物，许诺说要和楚国成为同盟国。关于这些内容，后面还将提到。不过，在不久后的公元前270年，魏冉攻打了齐国的纲和寿两地，结果被范雎弹劾而遭罢官。这样看来，虽然取得过几次胜利，但是长距离的远征对于秦国来说还是有些吃力的。这虽然是黄歇为了救自己的国家而进行的游说，但是他说的话也不是没有道理。后来范雎推出的远交近攻战略，跟黄歇的这番游说是非常相似的。

曾经盛极一时的楚国怎么可以交出自己的国都而沦为天下的笑柄呢？有一则可以为我们提供线索的记载收录在《战国策·楚策》中。有一个叫庄辛的人跟楚顷襄王讨论政治。这件事发生在楚国被白起夺去郢与鄢之前。庄辛批判了楚顷襄王，说道：

> 君王左州侯，右夏侯，辇从鄢陵君与寿陵君，专淫逸侈靡，不顾国政，郢都必危矣！

拥有地位的这些人虽然不知道都是什么人，但是楚顷襄王好像正在给这些能力不足的人乱封爵位。发了火的楚顷襄王回答道：

> 先生老悖乎？将以为楚国袄祥乎？

庄辛回答道：

> 臣诚见其必然者也，非敢以为国袄祥也。君王卒幸四子者不衰，楚国必亡矣。臣请辟于赵，淹留以观之。

就这样庄辛去了赵国。就在庄辛到达赵国五个月之后，秦国果然攻取了鄢、郢、巫、上蔡以及陈①，顷襄王不得不逃到城阳躲起来避难，并赶紧派人到赵国去请庄辛，庄辛答应了。庄辛一到，顷襄王就问道：

寡人不能用先生之言，今事至于此，为之奈何？

庄辛回答说：

臣闻鄙语曰："见兔而顾犬，未为晚也；亡羊而补牢，未为迟也。"臣闻昔汤、武以百里昌，桀、纣以天下亡。今楚国虽小，绝长续短，犹以数千里，岂特百里哉？

王独不见夫蜻蛉乎？六足四翼，飞翔乎天地之间，俯啄蚊虻而食之，仰承甘露而饮之。自以为无患，与人无争也；不知夫五尺童子，方将调饴胶丝，加己乎四仞之上，而下为蝼蚁食也。

蜻蛉其小者也，黄雀因是以。俯噣白粒，仰栖茂树，鼓翅奋翼，自以为无患，与人无争也。不知夫公子王孙，左挟弹，右摄丸，将加己乎十仞以上，已其颈为招。昼游乎茂树，夕调乎酸咸，倏忽之间，坠于公子之手。

夫黄雀其小者也，黄鹄因是以。游于江海，淹乎大沼，俯噣鳝鲤，仰啮菱藕，奋其六翮而凌清风，飘摇乎高翔，自以为无患，与人无争也。不知夫射者，方将修其碆卢，治其矰缴，将加己乎百仞之上。被礛磻，引微缴，折清风而抎矣。故昼游乎江河，夕调乎鼎鼐。

---

① 攻取陈国并非事实。笔者虽然认为这次对话发生在楚国首都被攻占之后，但是顷襄王应该是认为政治上有问题，所以才说这样的话。

听了这番话的顷襄王脸色大变，身体忍不住瑟瑟发抖，急忙给予庄辛执圭的爵位并将其奉为阳陵君，并将淮北的土地分封给他。顷襄王想到自己的父亲怀王在秦国遭受奇耻大辱而死，自己作为儿子，连国都都无法守护，这是多么令人羞耻的事情啊！

虽然秦国很强大，但是攻守的形势也会变化，楚国却未能抓住形势变化，未能守住国都，从这一点来看，楚国的政治治理显然是有问题的。我们暂且不管这则故事的真假，但自此役后，顷襄王似乎确实开始痛定思痛了。秦国与楚国单独决战，楚国交出了国都。那么，秦国未来到底将走向何方呢？

第 2 章

三晋坎坷的历史

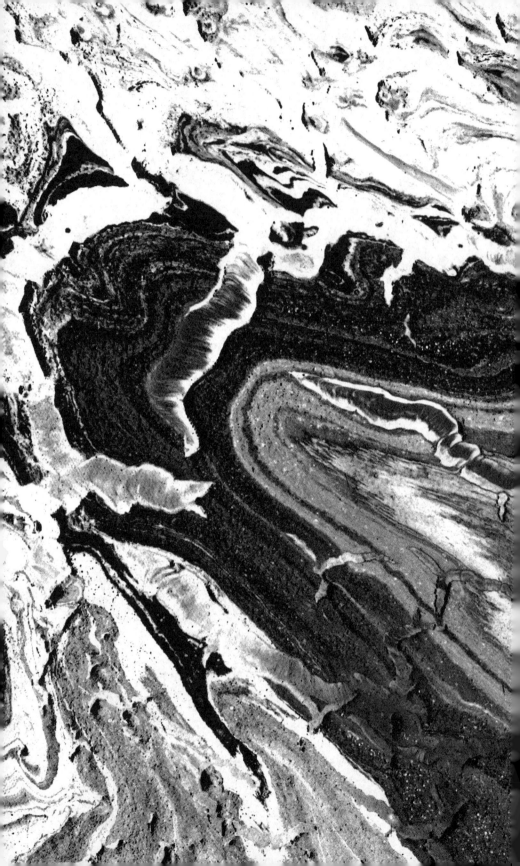

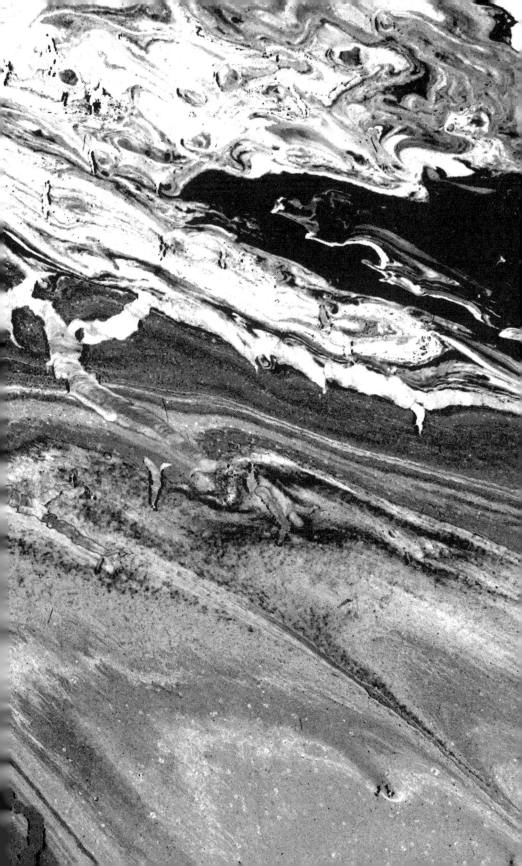

一个可怕的人物出现了。与他交战的话，战败就会被杀掉。想要活命的话就一定要战胜他，但遗憾的是，几乎没有战胜他的可能。这个人就是白起。到底该怎么办呢？《史记·秦本纪》中这样写道：

> （秦昭王）三十二年（公元前275），相穰侯攻魏，至大梁，破暴鸢，斩首四万，鸢走，魏入三县请和。三十三年，客卿胡（伤）[阳]攻魏卷、蔡阳、长社，取之。击芒卯华阳，破之，斩首十五万。魏入南阳以和。

《史记·六国年表》的记载表明，杀戮十五万人的正是白起。

> 三十四年（公元前273年），白起击魏华阳军，芒卯走，得三晋将，斩首十五万。

观察历史的余白，我们可以看出白起其实是一个抓俘虏的猎人。从逻辑上讲，两军相遇是不太可能斩首十五万人的。所以只有一种可能，就是对方军队已经瓦解，丧失了斗志的士兵被秦军追杀或是作为俘虏被杀掉。即使进行了这样的大规模杀戮，三晋在被迫割地之余，虽然痛愤却也是无可奈何。两国联合已经不足以阻止秦军，至少得有三个国家联合作战才有可能。

阻止这种秋风扫落叶般攻势的情况开始出现。公元前270年，在赵国的阏与，赵国大败秦军。这次秦国率军出征的是与白起同列名将行列的胡阳。将胡阳击败的这个人是在赵国与廉颇堪称双壁的名将赵奢。即使这次胜仗没能完全扭转赵国的局势，但是在与秦国的野战军的正面对决中取得胜利却是头一回。而且，秦国在阏与与赵国军队对战中的失败，使得远征军事行动一向畅通无阻的秦军在赵惠文王去世之前，再也没有涉足与赵国的战争前线。

然而，在华阳和阏与的这两场战斗都是前哨战。十年以后，赵国和秦国动员了前所未有的大规模军队进行正面对决。魏国也没能成为战争的旁观者。

1. 华阳的大败和矛盾

秦昭王三十二年（公元前 275），魏冉以相国的身份带领军队攻打魏国，一路驱赶芒卯进入北宅并最终将大梁包围①。韩国的暴鸢赶来救援但是失败逃走。刚刚攻陷楚国首都不久，魏国的首都又被秦军包围了。不过，大梁虽然遭受多次攻击，但是未曾沦陷过。魏国大夫须贾来到魏冉面前说明当前的形势，并试图游说魏冉："如果还是抱着夺取土地的想法攻打魏国的话，还不如放弃更好。将其逼至困境的话，魏国并不会给你更多的土地，还不如现在稍微得到一点土地就退兵的好。"我们先来看一下须贾是怎样游说的吧。

　　臣闻魏之长吏谓魏王曰：昔梁惠王伐赵，战胜三梁，拔邯郸；赵氏不割，而邯郸复归。齐人攻卫，拔故国，杀子

---

① 如果没有特别标记的话，都是根据《史记》的各部分进行的叙述。如有必要特别强调的情况，或是从别的文献中引用的情况会单独另行标记。

良；卫人不割，而故地复反。卫、赵之所以国全兵劲而地不并于诸侯者，以其能忍难而重出地也。宋、中山数伐割地，而国随以亡。

臣以为卫、赵可法，而宋、中山可为戒也。秦，贪戾之国也，而毋亲。蚕食魏氏，又尽晋国，战胜暴子，割八县，地未毕入，兵复出矣。夫秦何厌之有哉！

今又走芒卯，入北宅，此非敢攻梁也，且劫王以求多割地。王必勿听也。今王背楚、赵而讲秦，楚、赵怒而去王，与王争事秦，秦必受之。秦挟楚、赵之兵以复攻梁，则国求无亡不可得也。愿王之必无讲也。王若欲讲，少割而有质；不然，必见欺。

此臣之所闻于魏也，愿君（王）之以是虑事也。

秦国将赶来救援大梁的韩国将军暴鸢击败并斩首四万士兵。于是暴鸢放弃救援大梁转而逃走。秦国想要大梁沦陷，但是大梁也不是那么的软弱可欺。因为赵国和楚国已经在支援魏国，秦军也感到疲惫了。须贾引入前面所说的话，巧妙地进行游说。

《周书》曰"惟命不于常"，此言幸之不可数也。夫战胜暴子，割八县，此非兵力之精也，又非计之工也，天幸为多矣。今又走芒卯，入北宅，以攻大梁，是以天幸自为常也，智者不然。臣闻魏氏悉其百县胜甲以上戍大梁，臣以为不下三十万。以三十万之众守梁七仞之城，臣以为汤、武复生，不易攻也。夫轻背楚、赵之兵，陵七仞之城，战三十万之众，而志必举之，臣以为自天地始分以至于今，未尝有者也。攻而不拔，秦兵必罢，陶邑必亡，则前功必弃矣。今魏氏方疑，可以少割收也。愿君逮楚、赵之兵未至于梁，亟以少割收魏。魏方疑而得以少割为利，必欲之，则君得所欲矣。楚、赵怒于魏之先己也，必争事秦。

这里说的是离间同盟国的话，结盟瓦解了，就没有必要非得冒着作战失败的危险去攻打大梁。魏冉接受了这个建议，最终得到了魏国的温地，并加以强化。

不过，大梁之围被解后的第二年秦国又一次对魏国实施攻击，并最终爆发了华阳之战，这种无济于事的游说的有效期开始变得越来越短。通过游说换取一点时间，然后采取后继措施，但是也不是像说起来那么简单。魏冉一时的让步只不过是因为军队疲劳，攻击大梁兵力不足罢了。当然通过这场战争，魏冉又得到了新的土地。

退兵以后又来进犯的这个人正是白起，在他这里，讲和之类的事情完全行不通。为了能与秦军匹敌，与其割让土地还不如想想怎么跟秦军交战，哪怕取得一点小胜利也好。不这样的话，回去补充力量之后的秦军肯定还会再次来犯。第二年，穰侯魏冉和白起、胡阳一道攻打赵国和魏国，在华阳城之下打败了上面说到的芒卯，斩首十万余人，并且得到了魏国的卷、蔡阳、长社，还有赵国的观津①。秦国在华阳击败芒卯、斩首十五万人之后，魏国被迫献出南阳与秦国求和②，这就是有名的华阳之战。

华阳之战的开端是魏赵联军对韩国华阳发起的攻击。华阳是韩国和魏国边境上的一座城市，属于今天的郑州一带。魏国大梁遭受威胁的时候，韩国曾经发军来救，但是为什么接下来魏国就跟赵国联合起来攻打韩国呢？不幸的是，史书上也没有记载这件事情的原

---

① 《史记·魏公子列传》中"当时范雎从魏国逃出到秦国任秦相，因为怨恨魏相魏齐几乎将自己打死的缘故，就派秦军围攻大梁，击败了魏国驻扎在华阳的部队，使魏将芒卯战败而逃"的记载应该是司马迁的错记。华阳之战并非范雎而是穰侯魏冉发动的。

② 《史记》中各篇世家和列传的内容都有着微妙的差异。根据《白起王翦列传》的记载，"昭王三十四年，白起攻魏，拔华阳，走芒卯，而虏三晋将，斩首十三万。与赵将贾偃战，沈其卒二万人于河中"。

因。如果按照当今的惯例来推测的话，魏国和赵国如果不是共同对付秦国的话，早晚会为互相夺取对方的土地而发动战争，一旦有机会他们自然也会觊觎韩国的土地。所谓的"三晋之间虽然不停地争斗和背叛，但是不能认为这是他们的过错"的说法就是从这种背景中来的。只不过魏国引起的华阳之战却是一个误判。因为韩国当即就向秦国请求支援，并且秦军比想象中还要更快地赶到了。魏冉是谁啊？他觊觎大梁的时候，韩国曾经派兵来救并对秦军形成了妨碍。但是现在韩国自己送上门来请求秦军的支援，魏冉没有理由拒绝[①]。白起的军队来到华阳之后就展开了对魏国和赵国军队的屠杀。

当然，秦军在华阳没有停止进军的道理。离华阳很近的长沙、蔡阳等地就不用说了，秦军还得到了魏国南阳的土地。《史记·秦本纪》中记载，秦将上庸给了韩国和魏国，并将在南阳遭到免职的大臣们迁移到那里去了。然而事实上并不是真的把上庸给他们，只是将南阳的现任官吏全部换掉避免他们造反，所以强迫他们迁到那里去而已。上庸在白起攻陷郢都之前两年就已经回到了秦国的手中。把魏国的官吏派遣到楚国献来的土地上，面对陌生的土地，这些异国来的人又能掀起什么风浪呢？

而且，作为将观津归还给赵国的条件，秦国要求赵国出兵帮助秦国攻打齐国。秦国得到赵国的观津之后又予以归还的故事，记载在《史记·穰侯列传》当中。观津就是今天河南省清风市的大渡口，位于黄河的东边。笔者认为，观津是赵国给魏冉的贿赂。得到观津的话，魏冉就可以理所当然的占有，因此也就掌握了通往南部陶的

---

① 韩国急于向秦国派遣使者的原因虽然在《史记·韩世家》中出现过，但是相似的情况和叙述如《春秋战国》第 8 卷中看到的那样，在宣太后那时就已经出现了，后来在《史记·魏世家》中又有出现。同样的一个故事根据时代的不同，在相同的情况下数次以不同的内容出现，笔者认为这个故事的可信度不高，因此就不在此叙述了。

通路。当时整个天下都被秦国的实权派人物魏冉所左右。齐国陷入了恐慌之中。魏冉为了稳住自己在陶的封地而觊觎齐国已经是公开的事实。得到观津之后就可以通过黄河运来西边的物资实施攻伐。当然魏冉也不是一个只有私心的人。为了打通从三川郡到东海的沿黄河而行的通路，从而使得黄河南北无法连接，他正在有条不紊地实施自己的大计划。齐襄王很害怕，于是偷偷派人①给魏冉送信过去。游说家是这样说的：

> 臣闻往来者言曰"秦将益赵甲四万以伐齐"，臣窃必之敝邑之王曰"秦王明而熟于计，穰侯智而习于事，必不益赵甲四万以伐齐"。是何也？夫三晋之相与也，秦之深雠也。
>
> 百相背也，百相欺也，不为不信，不为无行。今破齐以肥赵。赵，秦之深仇，不利于秦。此一也。

果然还是传统的那一套辞令。我变弱了，赵国就会变强。我们在第一章的时候提到过，苏厉曾经跟赵国说过不要跟秦国在一起的游说之词。苏厉说："就算跟秦站在一起，好处也都是被秦占有。秦国觊觎的正是韩国。"这次又反过来游说秦国说不要跟三晋在一起："不要跟赵国一起。齐国变弱了，只有赵国会变强。赵国和秦国是仇人。"接着他又主张："攻打齐国的时候，即使动员赵国，赵国也不会变得疲弱。齐国因为赵国的打击已经变得很弱了。"

> 秦之谋者，必曰"破齐，弊晋、楚，而后制晋、楚之胜"。夫齐，罢国也，以天下攻齐，如以千钧之弩决溃痈也，必死，

---

① 《史记·穰侯列传》中说这个人是苏代，但是可能性比较低。当然了，不管是不是苏代，都对文章脉络没有影响。

仔细看的话，上面刻有"二一年相邦冉"的字样，是秦昭王二十一年相国魏冉监造的意思。

安能弊晋、楚？此二也。秦少出兵，则晋、楚不信也；多出兵，则晋、楚为制于秦。齐恐，不走秦，必走晋、楚。此三也。秦割齐以啖晋、楚，晋、楚案之以兵，秦反受敌。此四也。是晋、楚以秦谋齐，以齐谋秦也，何晋、楚之智而秦、齐之愚？此五也。

还忠告说："暂且先好好治理得到的土地吧。"

故得安邑以善事之，亦必无患矣。秦有安邑，韩氏必无上党矣[1]。取天下之肠胃，与出兵而惧其不反也，孰利？臣故曰秦王明而熟于计，穰侯智而习于事，必不益赵甲四万以伐齐矣。

虽然是为了避开秦国的刺刀，但是这篇游说辞还是非常有道理的。实际上，在秦国内部，对于远征齐国之事也有很多异议。特别是魏冉的政敌们更是诽谤他，说他到那么远的地方去攻打齐国只不

---

[1] 当时秦国已经取得了安邑，这是在黄河东边设置了河东郡之后的事情。

过是为了保护自己的封地而已。这篇游说辞的意图让穰侯魏冉感到不安，但也确实触动了他的内心。不过魏冉也有他远征的理由，隔断黄河南北，首先攻打南部的话，那么统一指日可期。魏冉在这里暂时停住了。他是真的停下了吗，还是仅仅喘口气呢？

胜利掩盖了矛盾，但是失败又重新揭开了旧疤。华阳之战后，魏国内部又再次出现了亲秦派和反秦派对立的局面。安釐王登基以来，魏国每年都饱受战火之苦，安釐王即位第四年的时候就发生了华阳之战。而且这场战争是由魏国首先发起的。刚刚即位的新王就经历连年的战事，刚想反击的时候却又一次遭受大的失败，不免要导致地位不稳固。这时候围绕华阳之战失败的矛盾爆发了。现在我们根据《战国策·魏策》来看一下矛盾的内容是什么。

华阳战败的第二年，魏国派段干崇割让土地送给秦国，以期强化两国关系。依据《史记》的记载，魏国割让的土地就是南阳。南阳乃是魏国能成为强国的原因之一。这里也是晋文公得以开启霸权时代的地方。但是大臣孙臣坚决反对割让南阳的事情。

"现在因为我国打了败仗就要割让土地，但是即使不这样做，我们也能够很好地应对失败；而秦国即使胜利了，如果不能接收到我们割让给他的土地，那么他就不能好好利用自己的胜利。现在已经过去了一年时间，却想要割让土地给秦国，这是某些大臣的私心，大王还未能察觉。事实上，段干崇是想得到秦国官职的人，大王却要将割地的事情委托给他去办。想要得到土地的是秦，大王您派遣段干崇去只会让他得到秦国的官职。想要得到官职的人拥有土地的处置权，而想要得到土地的人拥有官职的任免权，很明显这样一来，我国将会被消磨殆尽啊。"

这段对话委婉地表示出了当时列国的状况。将国家的土地割让给秦国，秦国就会给予"背叛者"那块土地的管辖权。这是秦国惯用的战术了。但是像这种总想把土地献给秦国的人并不是自然产生的，这是亲秦派长期工作的结果，以致出现了这样一股政治势力。

秦国曾经一度培养了一批纵横家专门用来收买对手。秦国在这方面不惜重金，花一点钱就可以得到土地，这将获得好几倍的收益。这样就能在敌国内部安插自己的人，这是多么好的事情啊！

在下一章范雎的游说辞中就会体现出来，但是相比那点微不足道的财物，魏冉更喜欢用土地来进行交易。秦国对奉献出土地的这些人，将会给予他们管理这块土地的权力，也就是给予官职。这样秦国就可以将人安插在地方官的位置上，在巩固自己的位置的同时，也促使全国的分裂。孙臣激烈地抨击了这种情况：

"越来越多的奸臣都想拿着土地去侍奉秦国，这种拿着土地去侍奉秦国的行为就好比是抱薪救火，柴火全部烧完之前火是不会熄灭的。现在大王的土地是有限的，而秦国的欲望却是无限的，这不就是薪柴与火的故事吗？"

魏安釐王回答说："说得好。但是寡人已经许诺了要给予秦国土地，现在也没有办法反悔了啊。"

孙臣反驳道："大王在玩博（博戏，一种游戏）的时候，没有看到枭牌的使用方法吗？想吃的时候（有利的时候）就吃，想停的时候（不利的时候）就停下来。现在大王受到了一些大臣的胁迫，说是得到了秦国的请求而没有办法反悔，为什么就不能像枭一样发挥自己的智慧呢？"

"好。"

魏安釐王说。所以他不准备把土地交出去了。以上的内容均记载于《战国策·魏策》中。但是《史记》的各个部分当中，都说是因为战败所以才准备割让南阳。当然这里说的不是从太行山南麓到黄河北部所统称的那个南阳。但是南阳的一部分分明已经给了秦国。不想给却又不得不给，虽然有外部强秦所给予的压力的因素，但是有一些想要用土地做交易的大臣也是重要的原因。将三晋和楚国作为对手的秦国，其胜利将会持续到什么时候呢？除了使用隔断黄河南北的传统战略之外，秦国手中还有别的牌吗？

2. 阏与的反击——勇敢的老鼠将会赢得胜利

税吏出身的英雄——赵奢

我们常说乱世出英雄。在本书中，我们有必要缩小范围研究一下这些乱世出来的英雄。在当时外患甚于内忧的时代，在优势不再、身处劣势之时，国家到底需要什么样的人才？我们从这个叫作赵奢的人身上，就能找到这个时代所要求的核心素质是什么。

处于优势的时候，打仗最需要的就是团结，而维持团结最重要的就是必须要遵守一定的纪律。所以不管上下级别，都需要能贯彻法律的人。但是在劣势中想要打仗的话，就必须具备像被猫追赶的老鼠一样强烈的斗志。因此就需要能贯彻强悍斗志的冷酷。

然而不管怎么说，在劣势中最需要的精神还是务实的精神。虚礼、虚言、虚伪无助于在决生死的杀伐战争中取得胜利。思想和行动都必须只按照实质和实利来决定。懂得实利的将帅不会乱问到底能不能取胜，而是问如何以最小的牺牲取得最大的胜利，并且通过这种胜利能得到什么。运用这种明确明细的人在战争中必须将执行行动命令的士兵当作自己的儿子，把将要守卫的土地当作自家的宅地一样去考虑问题才行。

那到底谁能做到这样呢？不管怎么说都是在这片土地上土生土长将百姓当作自己同胞的人，比外来的人要合适。赵奢就是一个能满足上述所有条件的人。公元前270年，赵国在阏与的溪谷中，与趾高气扬的秦军进行了一场正面的对决，并取得了完全的胜利。在这场战争中留下了"两鼠斗于穴中，将勇者胜"的名言。秦军不管总体上多强，但是组成军队的壮丁都是一样的。在同样的条件下打仗的话，勇猛的一方将会取得胜利。秦国首先出兵展开战斗。于是没有办法，不得不进入"老鼠洞"中去。这样的话哪里还有害怕的必要？现在我们就通过赵奢来探究这种战争的实际情况吧。

《史记·廉颇蔺相如列传》中有记录赵奢的出身。他原是赵国的一位田部吏——管理田税的小官吏。当时赵国国王的兄弟们正在分摊权力，平原君赵胜家里的权力很大。赵奢想要收税，但是平原君家里拒绝纳税。于是赵奢按照法律将平原君家里负责缴税的共九人全部杀死。一介税吏胆敢处死王族的九名家里人，平原君大怒，想要处死赵奢。当然了，赵奢最后被抓来问罪，但是被抓来的赵奢反而对平原君游说了起来。我们回想一下前面提到的处于外患的时代中，国家需要的英雄所必须具备的素质。英雄强调的是不论上下都遵守同样的法律。

"您是我们赵国的显贵公子。如果仅仅考虑您家里的利害而不维护国家的公利，法律的执行就会打折扣。法律如果无法执行的话，国家就会变弱，国家变弱的话，诸侯派兵来攻，那国家就不复存在了。国家都不存在了，还去哪里收赋税呢？"

言辞坦率但也很犀利：因为你的小小的行动就会有灭亡国家的危险。仅仅因为几个赋税钱就连你全部的赋税都抛弃了吗？赵奢继续说道："尊贵的阁下，您如果能按照法律廉洁奉公的话，那么国家上下都会和谐，上下和谐的话，国家就会变强，国家变强的话，赵氏（王族）家族就会稳固，作为贵戚的您又怎么会不被天下所厚待呢？"

就像大树会被风吹断一样，乱世中有主见却又夭折的英雄何其多。赵奢如果碰见的不是平原君而是一位性格暴烈的人的话，很可能当场就会殒命。一般的肚量都不会容忍自己的九位家臣被杀死的事实。然而平原君是今后担当赵国政治的大人物，虽然有几次失策，但并不是不知反省的小人物。平原君不仅仅做了反省，而且考虑到赵奢是一位有能力的人，还直接向赵惠文王推荐并加以提拔。

赵惠文王收下赵奢之后让他主管赋税工作，从此赋税变得很公平，百姓也变得富裕，国库也充实起来。就这样，他由一个征税的小官吏变成主管赋税工作的官员。那么，他是何时被重用？又具备怎样的军事才能呢？

《史记·赵世家》记载，赵奢在公元前280年带领军队攻占了齐国的麦丘。因此在公元前280年之前，他就已经登上了军事舞台。《战国策·赵策》记载了赵奢和田单之间发生的兵法故事。田单是救活了即将灭亡的齐国的人物。但是田单为什么来到了赵国呢？

正如在《春秋战国》第8卷中我们看到的那样，赵国、燕国、齐国相互纠缠在一起。特别是燕国和齐国是冤家。当时最弱小的燕国在燕昭王时期实现了复兴，齐国就不用说了，连赵国都看不起。当然，燕国还不具备独自作战的能力，但是抓住了秦国攻打赵国西侧的机会。一方面赵国在西侧面对秦国的攻击已经感到力不从心，因此积极利用燕国的冤家齐国从东边对燕国形成遏制。所以公元前265年，齐国的田单率领赵国的军队对燕国实施了攻击，并且田单也来到了赵国并得到了官职。

通过这场纷争我们也得到了反映当时情况的重要资料，也能了解赵奢是一位极端重视实利的人物。赵奢是怎么取得胜利的呢？赵惠文王三十年（前269），宰相都平君（安平君）田单问赵奢[1]："我不是不喜欢将军的用兵策略，让我不怎么敬佩的只是将军使用的兵员太多。使用的兵员多，百姓就不能很好地耕种，粮食也要从别国买入，远距离输送，不能保证军队供应，这是不攻自破、坐以待毙的办法，我不会这样做。我听说过，帝王用兵不超过三万人，天下就能归服。现在将军每次一定要凭借十万乃至二十万的大量兵员才能作战，这是我所不佩服的。"

赵奢单刀直入地反驳道："看来您不仅不通晓用兵之道，而且也不明了如今的军事形势。那吴国的干将之剑，加之于肉体可以砍断牛、马，加之于金属可以割断盘、匜。如果把它靠在柱子上砸，就会折为三段；把它垫在石头上砸，就会碎为百片。现在用三万兵力

---

① 当时田单是否已经是赵国的宰相虽不明确，但是在当时以客卿身份来到邻国，并在短时间内担任宰相的情况并不少见。根据《史记》的记载，就连穰侯魏冉也曾经在赵国担任过宰相。

去对付强大国家的军队，这就像是把宝剑靠在柱子上、垫在石头上砸它一样。况且那吴国的干将之剑虽然锋利，但如果剑背不足够厚，剑尖就无法刺人；剑面不足够轻薄，剑刃就无法断物。如果同时具备了这样的剑背和剑面，但是没有剑环、剑刃、剑珥、佩带等辅助之物，那就只好手持剑刃去刺物了，这样的话，剑还没有入物，自己的手指就先被割断了。您如果不拥有十几万、二十万的兵力作为像剑环、剑珥这样的配合部分，只想凭借三万名精英横行于天下，怎么能做到呢？"

当时已经是吴起兵法盛行的战国时代。在与以压倒性的全部兵力的对手进行的正面对决当中，对方将会取得胜利。秦国强大的原因是持续地扩大领土，军队数量对别国形成压倒性优势。用兵三万的时代已经过去。他接着说："城市的规模之大和守备兵力之多是过去无法相比的。"下面是赵奢对战国时代的分析：

"何况，古时候天下分成很多个诸侯国。即使是大城邑，城墙也没有超过三百丈的；人口再多，也没有超过三千家的。如果用训练有素的三万军队去攻打这样的城邑，还有什么困难呢？如今，古代众多的诸侯国已经归并成为战国七雄，它们可以召集十万兵力，打旷日持久的消耗战，如果这样持续几个年头，就会出现像你们齐国那样的状况。齐国动用二十万兵力攻楚，五年才结束战争；赵国出动二十万兵力灭中山，整整打了五年才告成功。假如说，现在齐、韩两国势均力敌，又相互围攻，有谁敢对我夸下海口，说他能用三万兵力去援救这两国呢？现在方圆千丈的大城、户口上万的大邑相互对峙，如果想用三万的兵力去包围千丈的大城，恐怕连城的一角都围不住，至于进行野战就更加不够了，你拿这点兵力去干什么呢？"

都平君长叹一声说道："我田单不如你啊。"

当时的战争规模差不多就是那样的程度。攻打像中山国这样有一百乘战车的国家最少需要动员二十万大军。攻打由一万条街道组成的巨大城市需要动员至少十万的兵力。如果想要与像秦国这样拥有十万乘战车的国家为敌的话那该需要多少兵力啊？赵奢动员了十万人，在阏与之战中也动用了仅次于此的兵力。

赵奢的战术——带着敌人跑

公元前 270 年，秦军越过黄河两岸的无数座山坡来到了赵国的阏与。为什么会发生这件事呢？在这里，我们有必要先来看一下，几十年来由于魏冉和白起的大范围的军事行动给战国的形势带来的变化。首先，石门以北、黄河以东的土地已不属魏国所有。在强盛的时候，魏国曾经一度在河西地区构筑起阵地，并向西继续推进过。但是公元前 270 年的现在，秦国已经在这个地方设置了河东郡。这样秦国就可以毫无压力地派遣军队过去，本国军队和河东的军队合并以后就将直接攻打阏与。

先通过《史记》的记载来整理一下过去发生的事情吧。魏冉强力攻打魏国。公元前 293 年，在伊阙大破魏韩联军二十四万，次年又得到垣。之后秦国又将垣和蒲陂、皮氏等交换，从而整顿了边境。除了蒲陂之外还得到了相当数量的土地。《史记·魏世家》记载，魏昭王六年（前 290）"予秦河东地方四百里"。构筑起河东数百里基地的秦国又更进一步，在几年后的公元前 286 年由司马错攻取安邑。安邑是河东的中心地带。秦国将此地的魏国人赶走，通过爵位吸引和赦免罪行等方式鼓励秦国人迁移到这里。

秦国虽然占据了河东地区，但是要想攻打阏与的话，军队就要沿汾水而行，这样的话就一定要经过韩国的上党。韩国虽然很弱小，但是值得相信吗？魏冉在这件事情上做得很好，那就是用别国的军队来攻打别的国家。公元前 270 年，秦国的军队驱使韩国的军队攻击阏与。这样就没有担心后方的必要了。

虽然如此，赵国在西侧还有另一个基地晋阳，秦国这样放置不顾而去攻打阏与，难道不会觉得不安吗？事实上在当时这个担心基本可以排除了。据《战国策·赵策》记载，阏与之战爆发之前，秦国就已经将黄河东侧赵国的根据地蔺、离石，还有晋阳南部的祁全部攻占了。这样攻打阏与的时候就没有后顾之忧了。

笔者还注意到另一个记录。据《史记·赵世家》记载，"(惠文王)二十六年，取东胡欧代地"。这一年，是白起大破魏赵联军的华阳之战的第二年。赵国自武灵王以来就一直使用胡人的骑兵，并将代地作为骑兵的培养基地。从《春秋战国》第8卷中我们可以看出山东地区的国家在攻打秦国的时候一般都会利用匈奴和义渠。那么秦国有不能这样做的理由吗？东胡和匈奴为什么不灵活利用赵国所经历的危机？理由是什么？赵国夺取代地最终还是要在这些脉络之中才能进行理解。

其实北方民族对于南方民族的事情也是洞若观火。秦国刚刚接收完魏国的土地就在黄河东与赵国相遇，赵国仍旧还是和魏国一样的被侵略对象。北方民族在与晋、赵、燕等北方国家对抗的过程中，

与秦国的金魁首相同的有魁首文身的阿尔泰巴泽雷克木乃伊 秦国受草原文明的影响很大。同时代阿尔泰地区巴泽雷克古墓出土的木乃伊身上的文身与秦国境内的金魁首有着相同的图案。偏好黄金的习惯也在西北地区传播了开来。左侧图片是陕西省北部草原边界地区的秦国金魁首，右侧图片是与秦国金魁首同时代的魁首文身木乃伊（艾尔米塔什博物馆）。

自身的实力迅速增长。晋、赵、燕在修建城池对抗他们的同时，也将他们作为雇佣兵使用，并接受他们的战略①。最终赵国在面对秦国和燕国的联军的同时，还不得不在北边对胡人进行牵制。

那么阏与的战争是怎么打起来的呢？《战国策·赵策》对阏与之战的背景做了简单的描述。赵国不是一般的国家。秦国攻打赵国并且得到赵国东部的蔺等城市之后，赵国首先将公子午送去秦国做人质，同时要求交换被夺走的焦、黎和牛狐等城市和人口。秦国接受了这个请求。然而赵国进行了这样那样的盘算之后竟然首先反悔，决定不交换焦等土地了。当然秦国也是不会归还已经到手的土地的。不过，赵国不遵守约定激怒了秦昭王，秦国要求赵国将公子缯送来，并且索要土地。赵惠文王派了郑朱前去，故意说些没用的废话。

> 夫蔺、离石、祁之地，旷远于赵，而近于大国。有先王之明与先臣之力，故能有之。今寡人不逮，其社稷之不能恤，安能收恤蔺、离石、祁乎？寡人有不令之臣，实为此事也，非寡人之所敢知。

秦国经常先去占领一些容易攻取的地方，然后再以这些土地讨价还价从而整顿边境。但是这次赵国反复揣量之后决定先讨价还价，然后再摊牌。因此秦昭王盛怒之下派遣恒胡易（《史记·秦本纪》中的胡阳）攻打赵国的阏与。随后赵国派遣赵奢率军救援。这件事《史记》虽然没有提及，但是在《战国策·赵策》中有记载，魏国公子咎率领精锐驻扎于安邑，协助赵国抗击秦国。将军队直接送到敌人

---

① 北方民族并不只是跟中国北方的国家进行交流。在阿尔泰巴泽雷克地区同时代的墓葬当中也出现了楚国的绸缎和花式纹样。也许秦国进行的是中转贸易，但是北方很明显更愿意与南方交流。中国历来传统上是以玉为贵的，所以留下的黄金遗物很少，但是在战国时代的楚国墓葬中却有大量的黄金制品出土。草原地区很久以来就是将黄金作为最珍贵的宝物的。

的心脏部位而非决战地，这是孙膑兵法的核心。安邑乃是河东的核心地带，所以秦国很是担心。赵国虽然得到了魏国的支援，但是与秦国的强兵开展野战，哪里有胜算呢？现在通过《史记·廉颇蔺相如列传》的记载看一下整个战斗的经过吧。

秦国开始攻打阏与，赵国朝廷召开对策会议[①]。赵惠文王首先喊廉颇回答问题："能去救援吗？"

廉颇持消极的态度："路途险远狭窄，救援很困难。"

后来又问乐乘，得到了相同的回答。王又问赵奢，这次赵奢给出了与前两人完全不同的回答："路途险远狭窄，打个比方来说，就像两只老鼠在洞里打架，勇猛的一方会取得胜利。"

两只老鼠在洞里打架的"两鼠斗穴"的故事就是从这里来的。王很满意赵奢的回答，就派他去了。

赵奢的用兵可以说是虚虚实实。虽然"勇敢的老鼠会胜利"之类的话是他说的，但是就算能取得胜利，两军正面冲突，最后尸横遍野的场面也不是他愿意看到的。这样赢了的话，那将帅的智略又有什么用呢？离开邯郸行军三十里之后，赵奢突然给军队下令："敢代军师进谏者死。"

到底是出于什么原因才说这样的话呢？那期间秦军也没有闲着。赵军穿过险路刚到达武安，一支秦国的部队就过来"迎接"了。当时秦军就驻扎在武安的西边，不停地击鼓呐喊，声音之大连武安的房子上的瓦片都被纷纷震落。别说阏与了，当下之急应该先救的恐怕是武安了。一名前去侦察的士兵直言说先救武安，结果被赵奢一刀斩首，遵守了他不准别人干涉军师的事情的命令。赵奢按兵不动一直驻屯到二十八日，修建了坚固的碉堡。不仅如此，就连秦军的探子来了也好好招待，然后送回去。探子回去后报告了这边的状况，

---

① 《史记·廉颇蔺相如列传》中"秦伐韩，军于阏与"的记载是错误的。《史记·秦本纪》记载"攻赵阏与"，《战国策·赵策》中也记载着"伐赵攻阏与"。阏与当时是赵国的土地。

秦将胡阳大喜。

"离开国都仅仅三十里就停下修筑堡垒。阏与现在已经不是赵国的土地了。"

然而这只是赵奢的骗术罢了。赵奢刚刚送走秦军的探子，赵军的射手们就脱下盔甲连续奔袭两天一夜，来到距离阏与五十里的地方开始袭击秦军。赵军这时已经将堡垒全部修好，秦军得到消息后引兵前来。军士许历说有事情要报告，赵奢这次允许了。不是说敢代替军师进言就要处死吗？冒死进谏的人一定是有什么对策。许历说道："秦国的人好像不知道我们的军队来到这里了，正在赶过来呢。虽然气势汹汹地跑来，但是将军一定要等到秦军全部聚集到一起的时候再进攻。不这样的话就一定会失败。"

赵奢答应了："按他说的做。"

许历开始谢罪："请下令杀了我吧。"

赵奢说："等回邯郸之后就会接受你的请求的。"

许历又进谏："谁先占领北山山顶谁就会赢，后到达的就会输。"

赵奢再次采纳了他的建议，派了一万名士兵首先上山去了。赵奢的战术其实很简单。就是不去攻击已经占据了有利位置的敌人，而是先占领高地，然后攻打一路跑来的疲惫的敌人。如果在武安那里跟敌人发生激烈较量的话，那么胜负可能就很难说了。但是在武安欺骗了秦军之后，先偷偷到达了阏与，然后等待秦军到来。同时在秦军来路的高地上首先实施占领，然后再等待。这样大部队保持着密集队形，而被抽调的队伍则率先占领高地，这样就形成了掎角之势。

赵奢的战术还是非常独特的。也不去打破包围网，虽说是救援军，但是总是先修建堡垒然后等待，一个月的时间都不见活动，然后突然在一天的时间内就移动一百里，再毫不犹豫地分头行动。分头行动的话，两军之间互相往来就需要传递情报的骑马侦探。根据《春秋战国》第8卷的记载，我们看一下武灵王将军队分开，用骑兵攻占中山的情况吧。占领山地可以被看作是主要的目标，当时赵国的主力是步兵和骑兵，特别是弓箭手。战车在山里根本就是无用之物，胡阳却拉着战车到处跑来跑去。

　　果然，秦军刚到达就想占领北山，纷纷往上冲，但是上不去。这时候赵奢命令赵军开打并大破秦军。战争就是气势的较量。赵奢在武安让秦军白费力气，已经分散了秦军的一部分气势，然后又率先到达并以密集的队形严阵以待，又一次挫败了秦军的锋芒。在首先占领了山地的弓箭手的掩护下，赵军大部队很好地坚持了下来，并重挫了秦军的气势。敌人的气势一旦被打压，就立即出兵攻打对方。于是阏与的包围自然就解除了。

　　赵奢的方法和孙膑的兵法极为类似。迅速的分散和集结，进击速度的变化，声东击西等战术的应用全部融合在这一场战斗中了。因为这场战争，赵奢获得了"马服君"的称号，许历也成了国尉。实际上这也是一场久违的胜利。

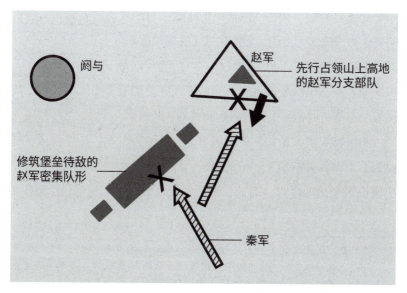

阏与之战的细节图　赵奢先修建堡垒，重兵驻扎，然后等待，在占领北山，重挫秦军锐气之后实施反击。

阏与的战斗到此还没有结束。根据《战国策·赵策》的记载，秦国军队在阏与刚刚战败，转过身就攻打了魏国的幾。因为魏国在安邑形成威胁，导致秦军没能在阏与之战中集中力量，攻打幾其实就是秦国对此事进行的报复。这次，廉颇率军救援幾，再次大破秦军。

名将的忠告——相信自己，不要相信宾客

魏赵联合在阏与的反击战中两次大败秦军，使得合纵之风再起。阏与之战的前一年，魏冉攻占了羌和秀。由于秦军远征军的所向披靡，齐国现在也变得不安全了。

公元前265年，一直以来以自己独特的眼光守护着赵国的惠文王去世了。孝成王刚刚即位，秦国就发兵来打。这还不是全部，赵国刚受到秦国的攻打，燕国也开始觊觎赵国了。西部和北部同时双线作战的赵国有些慌了。当时齐国进入了赵国的视野，曾经齐国和赵国是互相争夺对方国家的仇敌关系，但是这次却形成了对抗秦燕组合的齐赵联盟。代替刚刚即位的孝成王行使权力的太后将儿子长安君作为人质送到齐国，最终换来了齐国的援军。

赵国虽然付出了很大的代价，但是暂时赶走了秦军。可是令人讨厌的燕国该怎么处理呢？赵国和齐国联合能有多牢固呢？从《战国策·赵策》的记载中可以找到相关的一些线索。

燕国将宋国人荣蚠奉为高阳君，并封他为将军，让他领兵攻打赵国。宋国是被赵国灭亡了的国家，燕国这是在利用宋国人。孝成王将济水东边的令卢、高唐、平原和陵地等五十七座封邑[1]送给齐

---

[1] 原文是"济东三城令卢、高唐、平原、陵地封邑市五十七"，"令"像是加进去的字。"卢"和"高唐"以及"平原"就是地名，是位于济水东边的三座城市。但是陵地的封邑是什么意思呢？是三城的丘陵地封邑的意思吗？除了这三座城之外还有别的封邑？笔者将其当作是连接词的连用，翻译为"三城和陵地等五十七座封邑"。

国，并将安平君田单封为大将，请求他援助。虽然损失巨大，但是当前处于要顶住秦和燕攻击的关键时刻，情况危急。听到这个消息的赵奢前来找平原君赵胜说了一番话。孝成王继位以后，平原君就成了宰相，此时正在处理政务。

> 国奚无人甚哉！君致安平君而将之，乃割济东三令城市邑五十七以与齐，此夫子与敌国战，覆军杀将之所取、割地于敌国者也。今君以此与齐，而求安平君而将之，国莫无人甚也！且君奚不将奢也？

他有什么对策吗？下面的内容就显示出赵奢奇特的履历和勇猛的品性。

> 奢尝抵罪居燕，燕以奢为上谷守，燕之通谷要塞，奢习知之。百日之内，天下之兵未聚，奢已举燕矣。然则君奚求安平君而为将乎？

一百天之内打进燕国？赵奢的话，是可能的。燕国首先利用了赵国的危机，就算是攻打它也不是什么问题。平原君虽然人品非常好，但是眼光不是很长远，毕竟天下没有免费的午餐。

> 将军释之矣，仆已言之仆主矣。仆主幸以听仆也。将军无言已。

赵奢继续问平原君，邻国的将帅到底是不是值得相信的。

> 君过矣！君之所以求安平君者，以齐之于燕也，茹肝涉血之仇耶。其于奢不然。使安平君愚，固不能当荣釜；使安

平君知,又不肯与燕人战。此两言者,安平原必处一焉。虽然,两者有一也。使安平君知,则奚以赵之强为?赵强则齐不复霸矣。今得强赵之兵,以杜燕将,旷日持久数岁,令士大夫余子①之力,尽于沟垒,车甲羽毛裂敝,府库仓廪虚,两国交以习之,乃引其兵而归。夫尽两国之兵,无明此者矣。

　　这是非常实利主义的主张。夏天的时候田单带领军队安锅造饭,结果是只得到了仅仅三座小城市,果然应验了赵奢说过的话。这就是战国时代。田单虽然遭到齐国的抛弃,但是他只会作为英雄一片丹心地为齐国战斗。公元前265年,田单为了赵国而打仗,第二年就来到了赵国成为宰相。当时如果赵奢代替田单攻打燕国的话,战国的版图又将会发生大的变化。燕国借势秦国,利用赵国的困难,甚至没有遭受责难,运气也好。

　　战国时代的规律就是这样,在你失去机会的同时,危机也就找上门来了。主导这次危机的人利用"远交近攻"的战术占据了外交史上的光辉一页,他们就是旷世卓绝的战略家范雎以及战争之神白起。并且燕国再一次利用赵国的危机,使得赵国非常怀念赵奢的眼光而扼腕叹息。

---

① "余子",即"羡卒"。一个家族中除了精兵之外的其他士兵。这些人也作为预备补充兵力或是也直接参与战争。

第 3 章

远交近攻

从现在开始我们来关注一下秦国外交的一大转变吧。引领这个转变的人的命运就跟战国时代混乱的局面一样，非常具有戏剧性。

即使跳同样的舞蹈，衣着华丽的人总是最显眼，同样的道理，布衣家的天才要想出人头地要比名门世家的庸才困难得多。现在也是如此，穷人家的天才想要出人头地必须要有接连的好运气才行。如果说有一位自开天以来就像龙一样的人才的话，那么这个人就是范雎了。经受过很多磨难，没有任何背景的外国流浪汉，一进入秦国就立即一跃取得了仅次于前代商鞅的功绩。他很快就将气焰遮天的穰侯魏冉赶走，使秦王的地位变得坚不可摧。同远方的国家携手合作，同邻近国家交战，使用这种远交近攻的战略使得秦国的土地每年都会扩大，同时诱骗山东的诸侯国使他们成为秦国的傀儡。司马迁借用韩非子的名言"长袖善舞，多钱善贾"而对他赞叹不已，其原因也不言自明。除了秦国，还有哪个国家能得到这样的人才呢？在山东，君王身边的那些徒有华丽外表的人在朝廷上呼风唤雨的时候，秦国正在努力发掘并任用那些善于使用各种经过验证的计策的人士。

魏冉虽然是外戚，但是也为秦王室立下了别人无法比肩的功绩。像魏冉这样能富国强兵的人还有吗？即使这样，秦国还是认为他的业绩华而不实。正是秦国的这种实利主义，也成了范雎的垫脚石。站在商鞅的国家主义的立场上，不能为国家驱使的百姓就不是国家的百姓。同样，范雎也认为不能为王室带来赋税收入的土地就不是王室的土地。穰侯的土地就是穰侯的土地，而不是国家的土地。

魏冉的外交政策大体就是将天下以黄河为界分为两部分，打破诸侯国合纵连横的基础。但是为了坚守黄河一带的漫长据点，秦国付出了巨大的物质上的代价。另外魏冉派遣远征军去攻打齐国的羌和秀的事情已经暴露了他的私心，加上在黄河北部的阏与之战中败北，使得朝廷对魏冉的对外政策产生了怀疑。魏冉手里的封地到底有多少呢？魏冉攻打楚国和魏国的时候就得到了封地，但还继续在东边的齐国附近扩展陶的封地。"舅舅魏冉是不是贪图王位呢？他在山东地区发动的战争到底是不是出于私心呢？"正当秦昭王沉浸在这种忧虑中的时候，范雎登场了。

1. 被遗弃的人向西而去

即使像和氏璧这样的宝石，如果没有识货的人也会被扔掉。而且就像和氏璧主人一样具有不同于常人的能力的人，不仅仅会遭到人们无视，甚至会遭受到抵制。范雎就是一个这样的人。

我们首先根据《史记·范雎蔡泽列传》的记载，来了解一下范雎入秦的背景吧。范雎原是魏国人氏，字叔。他的背景和活动跟前辈张仪很相似。相信口才的作用而到处游说诸侯，想要侍奉魏王却又家庭困难，自己也无法赚钱养活自己，于是就转而求其次首先侍奉魏国的中大夫须贾。须贾是主管外交事务的官员，我们在前面说到华阳之战时，也了解了他去游说魏冉的事情。他是一个读过不少书的人，口才也非常好，因此被委任外交事务。但是须贾真的给范雎提供了向上爬的机会吗？似乎没有，因为我们也记得，他的华丽口才好像也没能改变华阳之战大败的结果。

须贾作为魏昭王派遣出使齐国的使者的时候，范雎也跟着去了，逗留了数月之久也没返回来报告情况。齐襄王听说范雎口才特别好，于是送去黄金十斤，还有美酒及牛肉，范雎推辞不敢接受。但是由于这件小事，须贾心里却开始别扭。他以为范雎将魏国的秘密告诉了齐国，才收到这些礼物的，告诉范雎可以收下酒和牛肉，必须要把黄金还回去。由此看来，须贾是一个不圆滑的人。

不过，如果须贾真的到此为止，倒也没什么事。回到魏国之后，须贾心里仍然对范雎很生气，就把这件事告发给魏国宰相了。这是在揭发一件与自身完全不相关的事情。当时魏国的宰相是魏国诸多公子当中的一位，名叫魏齐。魏齐大怒，派出自己的人将范雎打了一顿，打断了他的肋骨和牙齿。在还没有掌握范雎是否确实跟齐国私下沟通的证据之前，仅凭自己的怀疑就将人置于如此悲惨的境地，由此可见，魏齐是一个滥用权力的人。到那时为止，魏齐并不知道自己打的这个人是一个怎样的人物。

范雎也不是愚昧等死之辈。他想了一个主意，那就是装死。人们用草席将他卷了起来，扔到了茅厕里。那天，喝醉了酒的宾客们又返回来朝着他撒尿。被怀疑是间谍的范雎决定无视那些说着糊涂话的人，决心要忍下耻辱以便将来报仇雪恨。明明无罪却遭受拷打和耻辱，范雎的心情我们可以试着去揣测一下。到那时为止，不管是须贾还是魏齐，都根本不会想象到以后会发生什么事情。他们没有发现范雎才能的眼光。在夜深人静的时候，范雎开始游说看守他的人："您若是放我走的话，我日后定将厚报。"

也许真的是范雎太可怜了，也许是真的为了日后得到报答，看守范雎的人去跟魏齐说道："请允许我把草席里的尸体扔掉吧。"

魏齐此时喝醉了酒，也没多想就答应了。就算是喝醉了酒，将人打死然后又随便扔掉这样的事情也无法让人理解。这些掌握政权的人也太目中无人了，但是也多亏了这样，范雎才得以虎口脱身。酒醒了的魏齐后悔万分，急忙赶去确认范雎是不是真的死了，但是已经找不到人了。

当时的魏国人郑安平听到这个消息之后，带着范雎逃亡，因为怕被发现，范雎改名为张禄。郑安平可能是范雎的朋友吧，否则没有照顾范雎的理由。这样，不是犯人的犯人范雎就这样在魏国隐姓埋名地生活着，正在这时候，秦昭王的谒者王稽来到了魏国。于是郑安平就伪装成查役跟王稽见了面。王稽问："在魏国，能不能找得到跟随我一起去西边的贤明之士啊？"

郑安平回答道："我的家里有一位叫作张禄的人，想要拜见您，谈论一下天下的大事。但是这个人得罪了人，不敢白天出来拜见您。"

王稽说："那就让他晚上来吧。"

于是到了半夜，郑安平就把所谓的张禄带来跟王稽会面了。一交谈，王稽就发现范雎应答如流。最终王稽发现他是一位相当有才华的人，决定推荐给秦王。

在这里我们首先来看一下谒者是处于什么位置上的人。谒者，顾名思义，就是给君王跑腿的人。后世的谒者大体就是宦官，但是战国时代是不是宦官无从得知。重要的是，他们是国王的私人办事人员。王稽说道："先生请到三亭南边等我吧。"

就这样，王稽私下答应了将会带他到秦国的事情之后，范雎就离开了。果然王稽在离开魏国时将范雎带回了秦国。但是当时秦国宰相魏冉正起用白起，集中精力攻打山东地区的国家，不想接待说客。是出于天下形势无法改变的客观原因吗？或者是因为秦王需要说客，所以魏冉才阻止范雎呢？魏冉对于法家的说客的特点了如指掌。他们虽然在外交上发挥了很大的作用，但是大体上都是些喧宾夺主的家伙。不管是什么样的说客都是背负着君王的信任，通过攻击现在掌握权力的人来实现自己的成长。这种倾向在越是有能力的人身上表现得越是明显。商鞅就是这样的人。

载着范雎的车到了湖邑的时候，范雎看到有从西方而来的车骑，便问："那边来的是什么人？"

王稽回答说："秦国宰相穰侯去东边巡视他的县邑。"

我们在这里就不要问世上怎么会有这么巧的事情这样的问题了。

汉朝的时候这样的故事很广泛地流传，这一点倒显得重要。范雎是一个敏锐的人，同时也是一个有野心的人，穰侯魏冉虽然以后会变成他的目标，但是在这里这样见面，他却没有成为魏冉猎物的道理。范雎说："我听说穰侯把握贵国的权力，讨厌诸侯的宾客来贵国，我很担心自己会受到羞辱。我还是躲在车里比较好。"

果然，过了一会儿，魏冉过来慰问王稽的劳苦，并停下车说道："关东有什么变化吗？"

"没有。"

"谒君你不会是带了诸侯的宾客来了吧？这可是没有好处的事情啊，只会凭空搞乱别人的国家。"

王稽申辩说："不敢带他们来我国。"

就这样，魏冉一行离开了。从作为秦王谒者的王稽竟敢对魏冉说谎这件事来看，秦昭王可能真的非常渴望处于魏冉统治之外的东部地区的人才吧！范雎又说："我听说穰侯是一位有智慧的人，没想到处理事情的时候很迟钝啊。刚才虽然怀疑车里有人，但是竟然都没想到要搜查一下。"

这样说着，范雎从车里下来继续说道："他将来一定会为这件事情后悔的。"

然后，范雎对王稽称魏冉生性多疑，肯定会再回来检查，自己先下车走小路。载着王稽的车继续走了十里路之后，穰侯的骑兵真的又返回来，将车辆搜查了一遍，发现没有人又离开了。王稽终于带着范雎一起到达了咸阳，将出使的事情报告给秦王之后，王稽对秦王说："魏国有一位叫作张禄的先生，是一位辩士。他说过'秦王的天下虽然危如累卵，但是如果得到我的话就会安定下来'的话。臣没有办法用文字转达说明，于是就把他带回来了。"

秦昭王并不十分相信范雎的话，只是将他留了下来，并只供给他粗劣的饭食。虽然不相信范雎是多么了不起的人，但也并不是不相信自己的天下危如累卵的事实。这样范雎就在等待命令的过程中度过了一年时间。我们先把列传中相应部分的说明摘出来看一下吧。

当时，秦昭王已经即位三十六年了。秦国在南面夺取了楚国的鄢、郢重镇，楚怀王已被秦国被囚禁而死。在东面攻破了齐国。此前齐湣王曾经自称东帝，不久又取消了这个帝号。秦国还曾多次攻打韩、赵、魏三国，扩张了领土。昭王武功赫赫，因而讨厌那些辩士，从不听信他们。穰侯、华阳君是昭王母亲宣太后的弟弟，而泾阳君、高陵君都是昭王的同胞弟弟。穰侯担任国相，华阳君、泾阳君和高陵君更番担任将军，他们都有封赐的领地，由于宣太后庇护的缘故，他们私家的富有甚至超过了国家。等到穰侯担任了秦国将军，他又要越过韩国和魏国去攻打齐国的纲和寿，想借此扩大他的封地陶邑。

再来看一下，不相信辩士的人是秦王，还是太后或是魏冉呢？很明显就是太后和魏冉。但是太后和魏冉是秦国当时真正的主人。秦王虽然翘首企盼能帮他重新夺回地位的人，但是也害怕母后和舅舅的势力，因此也不知道该怎么办。

等到已经疲惫，并且也很渴望得到机会的范雎，上疏恳切地说道："我如果说的是大话，顶多杀了我不就行了吗？不要再让我等了。"

我听说圣明的君主推行政事，有功劳的不可以不给奖赏，有才能的不可以不授官职，劳苦大的俸禄多，功绩多的爵位高，能管众多事务的官职大。所以没有才能的不敢担当官职，有才能的也不会被埋没。假使大王认为我的话可用，希望大王推行并进一步使这种主张得以实现；如果认为我的话不可用，那么长久留我在这里也没有意义。俗话说：

"庸碌的君主奖赏他宠爱的人，而惩罚他厌恶的人；圣明的君主就不这样，奖赏一定施给有功的人，刑罚一定判在有罪人的身上。"如今我的胸膛耐不住铡刀和砧板，我的腰也承受不了小斧和大斧，怎么敢用毫无根据、疑惑不定的主张来试探大王呢？即使大王认为我是个微贱的人而加以轻视，难道就不重视推荐我的人对大王的担保吗？

接着，范雎又说："能使秦国强大的人才要去广阔的天下寻找，只在秦国求贤是不够的。"他很确信自己就是一名人才。

况且，我听说周室有砥厄，宋国有结绿，魏国有县藜，楚国有和氏璞玉，这四件宝玉，产于土中，连著名的工匠都误认为是石头，但它们终究成了天下的名贵器物。既然如此，那么圣明的君主所抛弃的人，难道就不能够使国家强大吗？我听说善于中饱私囊的大夫，是从国家中取利；善于使一国富足的诸侯，是从其他诸侯国中取利。而天下有了圣明的君主，诸侯就不得独自豪富，这是为什么？是因为他们会削割国家而使自我显贵。高明的医生能知道病人的生死，圣明的君主能洞察国事的成败，认为于国家有利的就实行，有害的就舍弃，有疑惑的就稍加试验，即使舜和禹死而复生，也不能改变这种方略。要说的至深话语，我不敢写在书信上，一些浅露的话又不值得大王一听。想来是我愚笨而不符合大王的心意吧？还是推荐我的人人贱言微而不值得听信呢？如果不是这样，我希望大王赐给我少许时间，让我拜见大王一次。如果一次谈话没有效果，我请求伏罪受死刑。

秦王读了这封信之后大为高兴，让王稽前去道歉，并派车将范雎接来。范雎在离宫谒见秦王。一进宫门，范雎就故意装作走错路的样子，向后宫的方向走去。因为秦王已经到达了，所以宦官们大怒，驱赶并呵斥道：

"大王已经来到了。"

范雎故意乱嚷着说："秦国哪里有王？秦国只有太后和穰侯罢了。"

他想用这些话激怒秦昭王。昭王走过来，听到范雎正在与宦官争吵，便上前去迎接范雎，并向他道歉说："寡人本该早就向您请教了，正遇到处理义渠事件，很紧迫，早晚都要向太后请示，现在义渠事件已经处理完毕，才得机会向您请教。寡人自知很糊涂、不聪敏，让寡人向您敬行一礼。"

在本系列丛书中经常提及的羌族，作为秦国西边的外族，总是不停地与秦国进行攻防战。在得到秦王恳切的邀请之后，范雎故意辞让。他其实是想替昭王除去心中的忧患。但是这种事情不是作为一个流浪的说客能轻易说出口的，还是先闭口不谈为好。

但是秦王执意要求。这一天凡是看到范雎谒见昭王情况的文武百官，没有一个不是肃然起敬的。秦王也是很诚恳的样子。秦昭王喝退了左右近臣，宫中没有别的人了。这时秦昭王长跪着向范雎请求说："先生怎么赐教寡人？"

范雎说："嗯嗯。"

过了一会儿，秦昭王又长跪着向范雎请求说："先生怎么赐教寡人？"

范雎说："嗯嗯。"

像这样连续询问了三次。秦昭王长跪着说："先生终究也不赐教寡人了吗？"

范雎说：

　　不敢这样。我听说从前吕尚遇到周文王时，他只是个渭水边上钓鱼的渔夫罢了。像他们这种关系，就属于交情生疏。但文王听完他的一席话便立他为太师，并立即用车载着他一起回宫，就是因为他的这番话说到了文王的心坎里。因此文王便得到吕尚的辅佐而统一了天下。假使当初文王疏远吕尚而不与他深谈，周朝就没法施展德望了，而文王、武王也就无人辅佐来成就他们统一天下的大业了。如今我是个寄居异国他乡的臣子，与大王交情生疏，而我所希望陈述的都是匡扶补正国君的大事，我处在大王与亲人的骨肉关系之间来谈这些大事，本愿进献我的一片愚诚的忠心，可不知大王心里是怎么想的。这就是大王连续三次询问我而我不敢回答的原因。我并不是害怕什么而不敢说出来。我明知今天向大王陈述主张，明天就可能伏罪受死，可是我决不想逃避。

　　范雎真的能说动秦王吗？虽然下面即将说一些令人恐惧的话，但是范雎并不是像商鞅那样说话单刀直入的人。他是很有学问的文人和游说家，前边的绪论总是很长，但是绪论也是游说的一部分。

　　大王果真照我的话办了，受死不值得我忧患，流亡不值得我苦恼，就是漆身生癞、披发装疯我也不会感到羞耻。况且，像五帝那样的圣明终不免死去，三王那样的仁者也不免死去，春秋五霸那样的贤能都死了，乌获、任鄙那样的力大无比者也难免一死，成荆、孟贲、王庆忌、夏育那样的勇猛威武之士也一个个死去了。由此可见，死亡是每个人必不可免的。处于必然死去的形势下，能够对秦国有少许补益，这就是我的最大愿望，我又担忧什么呢！过去伍子胥被装在口袋里逃出了昭关，路上夜里行走，白天躲藏，走到陵水，连饭也吃不上了，只好爬着行走，裸着上身，叩着响头，鼓起肚皮吹箫，在吴国街市上行乞讨饭，可后来终于振兴了吴国，使阖闾成为霸主。假使我能像伍子胥一样极尽智谋效忠秦国，就是再把我囚禁起来，终身不再见大王，只要我的主张实行了，我又担忧什么呢？过去，箕子、接舆漆身生癞，披发装疯，可是对君主毫无益处。假使我也像箕子那样披发装疯，只要能够对我认为贤能的君主有所补益，就是我的最大荣幸，我又有什么耻辱呢？我所担忧的，只是怕我死后，天下人看见我为大王尽忠反而难逃一死，因此闭口停步，没有谁敢来秦国了。

范雎到底想说什么，以至于绪论能有这么长呢？他是想在本论之前先挠到秦王的痛处。您果真是君王吗？秦国的真正君王是穰侯，还有他背后的太后，不是吗？最终范雎竟然说秦王就像是襁褓中的婴儿。

现在大王在上面害怕太后的威严，在下面被奸佞臣子的惺惺作态所迷惑，自己身居深宫禁院，离不开左右近臣的把持，终身迷惑不清，也没人帮助大王辨出邪恶。长此下去，从大处说国家覆亡，从小处说大王孤立无援岌岌可危，这是我所担忧的。至于说困穷、屈辱一类的事情，处死、流亡之类的忧患，我是从不害怕的。如果我死了而秦国得以大治，那样的话我死了比活着更有意义。

那么范雎到底是因为什么想要对秦国如此忠心呢？范雎是不是也像别的游说家一样表里不一呢？即使这样，秦王依然跪着说道：

先生这是怎么说呢！秦国偏僻，远处一隅，寡人愚笨无能，先生竟屈尊光临此地，这是上天恩准寡人烦劳先生来保存先王的遗业啊。寡人能受到先生的教诲，这正是上天恩赐先王，而不抛弃他们的这个后代啊。先生怎么说这样的话呢！从这以后，事情无论大小，上至太后，下到大臣，有关问题希望先生毫无保留地给寡人以指教，不要再怀疑寡人了。

如果秦王真的以这样的态度对待范雎的话，那他还真是不同寻常的人物。范雎还礼后，秦王又再拜。范雎终于开口了："秦国的领土有多么庞大啊，但是至今为止东征西战却还看不到希望的原因何在？因为穰侯的计策是错误的啊。"

大王的国家，四面都是坚固的要塞，北面有甘泉高山、谷口险隘，南面环绕着泾、渭二水，右边是陇山、蜀道，左边是函谷关、殽阪山。秦国有雄师百万，有战车千乘，有利就进攻，不利就退守，这是据以建立王业的好地方啊。百姓不敢因私事而争斗，却勇敢地为国家去作战，这是据以建立王业的好百姓啊。现在大王同时兼有地利、人和这两个有利条件。凭着秦国士兵的勇猛，战车的众多，去制伏诸侯，就如同放出壮犬去捕捉跛足的兔子那样容易，建立霸王的事业是完全能够办到的。可是大王的臣子们却都不称职，秦国到现今闭关固守已经十五年，之所以不敢伺机向崤山以东进兵，这都是因为穰侯为秦国出谋划策不肯竭尽忠心，而大王的计策也有失误之处啊。

秦昭王长跪着说：

寡人愿意听一听自己的失策之处。

当然，十五年避居关内之类的言辞也不都是事实。要么就是惯用的辞令，要么就是跟当时各国说客们相混淆了。暂且先放下这些小问题不谈了。秦昭王着急了。但是左右在暗中偷听的人太多了，范雎很担心无法直接说出内情，所以就先说一些外交的事情试探秦王的反应。

最终远交近攻的轮廓慢慢浮现出来了。秦昭王如此恳切也算是打开了游说的局面。那接下来范雎将要说些什么呢？

2. 首先攻打周边的弱国

在借助列传的记载对范雎的远交近攻政策进行详细讨论之前，我们先来看一些出现在《战国策·秦策》中的意味深长的记述吧。我们都知道在公元前 271 年的时候，穰侯魏冉攻打了齐国的纲和寿。这也是魏冉遭到范雎攻击的直接原因。不过，那时候魏冉想要利用燕国的情况在《战国策·秦策》中也有出现。秦国轻视燕王，并且想要控制他的记述在别的地方也出现过，但是燕国还没有一味地想要侍奉秦的意思。秦国是否真的控制了燕国无从得知，但是却很明显地表现了，魏冉对于秦昭王来说是一个多么别扭的存在。在魏冉身边聚集了一批像白起这样的优秀将领。谁能知道手握军队的他何时就会改变心意呢？虽然不知魏冉的心意怎样，但是在他身边撺掇他的人可能不会少。所以就有了这样的记述。我们先来看一下《战国策·秦策》的内容吧。客卿造这样对魏冉说：

秦封君以陶，藉君天下数年矣。攻齐之事成，陶为万乘，长小国，率以朝天子，天下必听，五伯之事也；攻齐不成，陶为邻恤，而莫之据也。故攻齐之于陶也，存亡之机也。

扩大远方的封地陶成为一众小国的首领？这在形势上是可能发生的事情，但是对于不是君主的魏冉来说，上升到五伯的班列侍奉天子不是很过分吗？客卿造说应该拉拢燕国：

> 君欲成之，何不使人谓燕相国曰："圣人不能为时，时至亦弗失。舜虽贤，不遇尧也不得为天子；汤、武虽贤，不当桀、纣不王。故以舜、汤、武之贤，不遭时，不得帝王。令攻齐，此君之大时也已。因天下之力，伐雠国之齐，报惠王之耻，成昭王之功，除万世之害，此燕之长利，而君之大名也。《书》云，树德莫若滋，除害莫如尽。吴不亡越，越故亡吴；齐不亡燕，燕故亡齐。齐亡于燕，吴亡于越，此除疾不尽也。非以此时也，成君之功，除君之害，秦卒有他事而从齐，齐、赵合，其雠君必深矣。挟君之雠以诛于燕，后虽悔之，不可得也已。君悉燕兵而疾僭之，天下之从君也，若报父子之仇。诚能亡齐，封君于河南，为万乘，达途于中国，南与陶为邻，世世无患。愿君之专志于攻齐，而无他虑也。"

当今天下真的是被一群生意人的理论支配着啊！秦国提出攻打齐国的时候，游说燕国的相国说，如果能偏向秦国并给予帮助的话，就会把黄河南部齐国的领土当作贿赂赠给他。因为与河南的土地陶（魏冉的封地）相邻，因此对于魏冉自身来说也是一件安全的事情。

运气好的话，利用燕国得到齐国的土地，那这到底算是魏冉的土地呢，还是秦王的土地？当然是魏冉的土地了。魏冉对这些曾经帮助过自己的人，将齐国的领土分给他们，同时也扩大了自己属地陶的领土范围。现在他可以指挥他带过来的秦国军队，又有谁可以阻止他呢？尽管我们无法确定客卿造是不是真的说过那些游说的内容，但是很重要的一点是，当初有很多人曾经也推断过会出现这样的情况。现在我们回到《史记·范雎蔡泽列传》中去，看一下范雎是如何攻击魏冉的吧。

> 穰侯越过韩、魏两国去进攻齐国的纲和寿，这不是个好计策。出兵少不能损伤齐国，出兵多反会损害我国自己。我猜想大王的计策，是想自己少出兵而让韩、魏两国尽遣兵力来协同我国，这就违背情理了。现在已经看出这两个友国实际并不真正亲善，大王却要越过它们的国境去进攻齐国，合适吗？这在计策上考虑太欠周密了。况且曾有过这种失算的先例，先前齐湣王向南攻打楚国，杀楚军、斩楚将，开辟了千里之遥的领土，可是最后齐国连寸尺大小的土地也没得到。难道齐国不想得到土地吗？是形势迫使它不可能占有啊。

范雎直接攻击了魏冉理论的支点。首先进攻是对的吗？对的话，能得到土地吗？退一步讲，即使得到土地能保留住吗？再退一步讲，这样得到的土地算是谁的呢？接着他又说，如果让三晋势力壮大了的话，那么秦国就要遭殃了。齐湣王之所以失败就是因为这个啊。

> 各诸侯国看到齐国已经疲惫困顿、国力大衰，国君与臣属又不和，便发兵进攻齐国，果然大败齐国。齐国将士受辱，溃不成军，上下一片责怪齐王之声，说："策划攻打楚国的是谁？"齐王说："是田文策划的。"于是齐国大臣发动叛乱，田文被迫逃亡。由此可见，齐国大败的原因，就是因为它耗尽兵力攻打远方的楚国，反而使韩、魏两国从中获得厚利。这就叫作把兵器借给强盗，把粮食送给窃贼啊。大王不如结交远邦而攻伐近国，这样攻取一寸土地就成为

大王的一寸土地，攻取一尺土地也就成为大王的一尺土地。如今放弃近国而攻打远邦，不也太荒谬了吗？再说，过去中山国领土有方圆五百里，赵国独自把它吞并了，功业建成，名声高扬，利益到手，天下没有谁能侵害它。

这与之前楚国春申君黄歇的游说辞不是很像吗？穰侯攻打楚国和齐国的话，三晋就会变得强大。而三晋不值得信任。孟尝君攻打楚国，结果反而被驱赶。话说回来，秦国的孟尝君是谁呢？不就是魏冉吗？这样范雎就悄悄地在话中藏下了玄机。他强烈主张实行远交近攻，而非采取长距离远征军事行动。不得不说这就是实利。下面就是非常重要而且有争论的地方，我们现在来看一下：

现在韩、魏两国，地处中原，是天下的中心部位，大王如果打算称霸天下，就必须先亲近中原国家，把它们作为掌握天下的关键，以此威胁楚国、赵国。楚国强大，大王就亲近赵国，赵国强大，大王就亲近楚国，楚国、赵国都亲附大王，齐国必然恐惧了。齐国恐惧，必定低声下气拿出丰厚财礼来侍奉我国。齐国亲附了我国，那么韩、魏两国便乘势可以收服了。

昭王说：

寡人早就想亲近魏国了，可是魏国是个变化无常的国家，寡人无法同它亲近。请问怎么才能亲近魏国？

范雎回答道：

大王可以先说好话、送厚礼来拉拢它，不行的话，就割让土地收买它；再不行，寻找机会发兵攻打它。

昭王说：

寡人就恭候您的指教了。

于是授给范雎客卿官职，同他一起谋划军事。终于听从了范雎的谋略，派五大夫绾带兵攻打魏国，拿下了怀邑。两年后，又夺取了邢丘。

客卿范雎后来又劝说昭王道：

秦、韩两国的地形，犬牙交错简直就像交织的刺绣一样。我国境内伸进韩国的土地，就如同树干中生了蛀虫，人身内患了心病一样。天下的形势没有变化就罢了，一旦发生变化，给我国造成祸患的还有谁能比韩国大呢？大王不如拉拢韩国。

昭王说：

寡人本来就想拉拢韩国，可是韩国不听从，对它该怎么办才好？

范雎回答道：

韩国怎么能不听从呢？大王进兵去攻荥阳，那么韩国由巩县通往成皋的道路就被堵住；在北面切断太行山要道，那么上党的军队就不能南下。大王一旦发兵进攻荥阳，那么韩国就会被分割成三块孤立的地区。韩国眼见必将灭亡，怎么能不听从呢？如果韩国服帖了，那么就可乘势盘算称霸的事业了。

昭王说：

好的。

就准备派使臣到韩国去。

非常难的一段内容，有必要仔细地解释一下原文的内容。读者们也请反复读一下上文的内容。《史记·范雎蔡泽列传》中出现的这次对话的底本是《战国策·秦策》，但是内容却有着微妙的变化。并且在列传中确实也有几处有可能产生误解的句子，或者遗漏掉的句子。笔者认为司马迁有几处可能产生了误解。为了理解远交近攻的真实意义，有必要将两处文章拿来对比一下。

首先是列传中的语句"楚强则附赵，赵强则附楚，楚、赵皆附，齐必惧矣，齐附，则韩、魏因可虏也"。而《战国策·秦策》中则是"赵强则楚附，楚强则赵附。楚、赵附则齐必惧，惧必卑辞重币以事秦，齐附，而韩、魏可虚也"。笔者认为《战国策·秦策》的内容是正确的。秦国拉拢魏国和韩国的话，楚国和赵国就会相互看对方眼色，弱的一方就会依附秦国。相反，《史记》的逻辑准确性不够。秦国为什么一定要依附于楚赵两国中弱的一方呢？并且如果秦国依附了其中弱的一方的话，那强的一方有什么理由就一定也要依附秦国呢？所以从逻辑上来看，这个故事就是，秦国如果掌控中原的话，赵和楚两者中弱的一方会因为害怕而前来归附。

其次，我们先看一下这个句子："卒听范雎谋，使五大夫绾伐魏，拔怀。后二岁，拔邢丘"。《战国策·秦策》中则说"于是举兵而攻邢丘，邢丘拔而魏请附"。而据《史记·六国年表》记载，"公元前268年，秦国攻打魏国的怀以后，攻打廪丘（就是邢丘）"。

司马迁鉴于历史史实写了"两年后"的记述，补全了《战国策·秦策》的内容，但是却省略了魏国是因为什么事情才前来依附秦国的。在笔者看来，恰恰就是因为这个省略而导致了误解的产生。因为列传中记载的范雎的游说是在攻夺了邢丘之后，也就是看上去像是在攻掠了魏国一段时间之后才发生了这件事似的。但是原来《战国策·秦策》中还记载了一段对话。看其内容分明就是范雎同时在谈论魏国和韩国。

范雎首先说魏国，然后才说到了韩国，这对于理解远交近攻战略是非常重要的。首先，我们得先讨论一下地图。当时秦国占据安邑并设置河东郡，这样在边境上直接面对的国家就是韩国，而非魏国。所以最先攻击的对象应该会是韩国。然而范雎说要先拉拢魏国，理由是什么呢？那就是为了完全孤立韩国然后接收过来。从文章脉络上来看，为了攻击韩国而做事前准备工作之时，讨论到了魏国，但是在攻打魏国两年之后，又去讨论韩国似乎是没有必要的。司马迁在编纂历史的时候，反而将其意义搞得复杂化了。范雎后来的行动也验证了这一点。范雎极力主张首先攻击韩国，韩国几乎到了亡国的地步。这也是下篇中将会提到的长平之战展开的原因。魏国实际上也是因为害怕才前来归附，这样韩国也就被孤立了。

这个故事非常复杂，无论怎么看，《战国策·秦策》都很难顺畅地按照顺序读下来，一定是有某些篇章或是书页的顺序被搞错了。甚至连鲍彪也对这一部分做了注解并且抱怨道：

> 远交近攻，雎之策当矣，语未卒而复欲亲之，既亲之又欲伐之，立谈之间，矫乱如此，使人主何适从乎？若曰某策为上，某次之，其可也。

这是恰当的点评。虽然如此，但是通过对魏国的比较和推测，还是可以明确地了解远交近攻的。范雎的远交近攻策略共由三个阶段的内容组成。

　　首先，无论使用任何手段，都要威胁魏国，孤立韩国。孤立韩国之后，将其瓦解，然后将其作为手足驱使利用。这是第一阶段，接收中原。

　　其次，在魏国和韩国几乎成为秦国的属国之后，再去威胁南部临近的楚国和北部的赵国。两方中至少会有弱的一方前来归顺。为什么呢？因为如果敢不听话的话，就驱使魏国和韩国去攻打它。魏国和韩国向北与赵国接近，向南与楚国接近。赵国和楚国两国中，谁更害怕，谁就只能乖乖听话。楚国和赵国中有任何一方依附了秦国的话，齐国就会感到害怕。为什么这样说呢？齐国和赵国正在黄河对峙，它们中间的燕国却需要看秦国的脸色。齐国和赵国现在因为秦国威胁而互相联合，但是如果赵国站到秦国这面的话，齐国也只能跑到秦国这面来了。跟楚国的关系也是如此，在淮河一带齐国和楚国正在打仗。楚国如果跑到秦国这面来的话，齐国就一定会遭

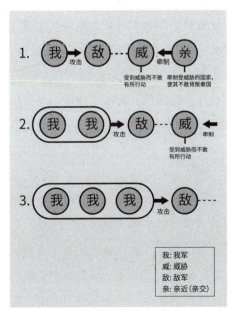

远交近攻的概念　一个阶段进行完毕之后，然后按顺序在下一个阶段复制上一阶段做法的战略就是远交近攻战略。但是这个战略只是在可以实施连续进攻的时候使用。

遇失败，最终齐国也只能依附于秦国。这是第二阶段，与齐国结合。

这样的话，秦国就可以驱使韩国和魏国进攻赵国和楚国了吗？这只是魏冉的战略。范雎与魏冉有所不同，他重新回到最开始的阶段了。与东边的齐国成为友邦以后，韩国立马就要彻底完蛋了。韩国灭亡以后，紧接着就轮到魏国。魏国灭亡后，可以选择楚国和赵国中的一个将其灭掉，但是首选对象就是赵国。赵国被灭之后就是楚国，最后就轮到齐国了。

远交近攻确实是一项很可怕的战略。说它可怕倒不是因为它很复杂或是独特，而是因为它是完全按照实利来做出判断的基本原则。结束一个步骤之后，又会有条不紊地进行下一个步骤。当时按照秦国的立场来观察天下形势的话，韩国是离它最近、最弱的国家了。于是秦国不再东征西战到处移动军队了，而是首先将最近的韩国攻打下来消化掉。韩国灭亡后，按照魏国、赵国、楚国、齐国的顺序，重新运用远交近攻的战略。到什么时候为止呢？一直到一统天下为止。

魏冉是亲自指挥军队的人，所以很善于打仗。同时他也有着阻断合纵，隔断黄河南北，然后分头攻击的远大计划。然而，他对自己消化不了的土地也产生了野心和欲望，就像在《战国策·秦策》中看到的那样，他"分明存有个人欲望"，并且受到了怀疑。相反，范雎虽然不亲自带领军队，但是在解读局势方面却很厉害，因为是所谓的"客"，所以受到的怀疑更少。况且他是那种认为自己消化不了的土地留着也没什么用的人。

范雎还有一点要比魏冉强。他总是在战场双方激烈冲突之前就对对方进行内部分化。简单地说就是，敌国的决策者们在战争开始前就已经吃下了范雎丢给他们的诱饵了。于是含着诱饵的这些人只能被牵着鼻子跑。范雎是运筹帷幄的高手。他从公元前265年开始正式攻打韩国，使用的手段就非常可怕。《战国策·秦策》中记载了他的战术。当时秦国攻打韩国，韩国的陉正处于秦军包围之中，范雎这样对秦昭王说：

> 有攻人者，有攻地者。穰侯十攻魏而不得伤者，非秦
> 弱而魏强也，其所攻者地也。地者，人主所甚爱也；人主
> 者，人臣之所乐为死也。攻人主所爱，与乐死者斗，故十
> 攻而弗能胜也。

这话是什么意思呢？想攻占对方土地的话，一定要使用军队，
但是对方的君主为了守卫领土，一定不惜决一死战。通过坚守土地，
大臣和军队都证明了自己的存在。守卫领土的话，臣下就会得到富
贵，战死的话，他的家门也将会生存下来。这样的话，最需要攻伐
的是什么呢？当然是人啊。

> 今王将攻韩围陉，臣愿王之毋独攻其地，而攻其人也。
> 王攻韩围陉，以张仪①为言。张仪之力多，且削地而以自
> 赎于王，几割地而韩不尽；张仪之力少，则王逐张仪，而更
> 与不如张仪者市。则王之所求于韩者，言可得也。②

这话是什么意思呢？想要得到对方土地的话，不要一上来就扑

———————

① 此处的张仪不是之前活跃于秦国的那个战略家张仪，可能只是名字相
同，或者只是单纯的误记。有人推测说此人应该是后来帮助刘邦建立汉
朝的张良的父亲张平，但无据可查。

② 这里"张仪之力多，且削地而以自赎于王，几割地而韩不尽，张仪之力
少，则王逐张仪，而更与不如张仪者市，则王之所求于韩者，言可得
也"，因记录版本不同，差异也较大，内容上也说不通。"且削"应该是
"则割"的误记。问题在于"几割地而韩不尽"，笔者认为这个可有可无
的"不"字插入得很好，应该反过来理解。但是鲍彪认为最后一句"言
可得也"应该是"尽可得也"。这样的话，前面的"不"字就不能看作
是插进去的了。不过，不管怎么解释两者都跟"拿下谈判者"的内容相
同了。

过去，要在攻打对方的时候找出对方阵营里怀有异心的人，让对方阵营里的聪明人下台，让被秦国收买的愚蠢之辈上台。这样一来，攻打被收买对象也显得比较绅士。后面的内容中将会提到，范雎还在后方使用金钱随心所欲地操控那些游说家。这些说客当中虽然也有一些一流的志士，但是想要浑水摸鱼的也大有人在。不光是说客，寻找敌国对手的政敌进行收买也是范雎的特长。虽然在战场上斩杀敌人，魏冉更擅长，但是在背地里和战场后方的斗争方面，范雎确实是技高一筹。

关于范雎的战略在下一章中还会继续讲到，我们现在先来看一下他是如何让魏冉下台的吧。

3. 范雎推翻魏冉

我们都知道相国魏冉派遣客卿造前去讨伐齐国，打下了纲和寿两地，扩大了自己的封地。《史记·秦本纪》中明确地记载了客卿造攻下纲和寿之后，将其献给了魏冉。第二年，魏冉攻打阏与失败。我们重新翻回去看一下列传中关于范雎的游说辞的记载。范雎跟秦王的关系变得越来越亲近，几年间得到了数次游说的机会。终于，范雎开始游说秦王赶走魏冉了：

> 臣住在山东时，只听说齐国有田文，从没听说齐国有齐王；只听说秦国有太后、穰侯、华阳君以及高陵君、泾阳君，从没听说秦国有秦王。独掌国家大权的称作王，能够兴利除害的称作王，掌握生杀予夺权力的称作王。如今太后独断专行毫无顾忌，穰侯出使国外从不报告，华阳君、泾阳君等惩处断罚随心所欲，高陵君任免官吏也从不请示。这四种权贵凑在一起而国家却没有危险，那是从来没有过

的。人们处在这四种权贵的统治下，就是臣所说的没有秦王啊。既然如此，那么大权怎么能不旁落？政令又怎么能由大王发出呢？臣听说善于治国的，就是要在国内使自己的威势牢固，而对国外使自己的权力集中。穰侯的使臣操持着大王的重权，对诸侯国发号施令，他又向天下遍派持符使臣订盟立约，征讨敌方，攻伐别国，没有谁不敢听命。如果打了胜仗，夺取了城地，就把好处归入陶邑，国家一旦遭到困厄，他便可在诸侯国中用事；如果打了败仗就会让百姓怨恨国君，而把祸患推给国家。《诗》曰："树上结果太多就要压折树枝，树枝断了就会伤害树心；封地城邑太大就要危害国都；抬高臣属就会压抑君主。"从前崔杼、淖齿在齐国专权，崔杼射中齐庄公的大腿并杀死了他，（来自楚国的）淖齿在齐国专权，抽了齐湣王的筋又把他悬吊在庙梁上，吊了一夜就死了。李兑在赵国专权，把赵武灵王囚禁在沙丘的宫里，经过一百天，赵王被困饿而死。

范雎说的每一句话都令人心惊不已。被臣下用箭射死，被吊死，被饿死，他竟然敢在君主面前这样说？范雎又说："人与人之间的事情谁也说不清楚。魏冉的权势那么大，将来什么事情都是有可能发生的。魏冉就是那种最下流的人！"

如今臣听说我国的太后、穰侯专权，高陵君、华阳君和泾阳君相帮同，最终是不要秦王的，这也就是淖齿、李兑一类的人物啊。再说夏、商、周三代亡国的原因，就是君主把大权全都交给宠臣，恣意饮酒，纵情游猎，不理朝政。他们授权任职的宠臣，一个个妒贤嫉能，瞒上欺下，谋取私利，从不为君主考虑，可是君主又不醒悟，因此丧失了自己的国家。如今我国从小乡官到大官吏，再到大王的左右侍从，没有一个不是相国穰侯的亲信。看到大王在朝廷孤单一人，臣暗自替大王害怕，在大王之后，拥有秦国的怕不是大王的子孙了。

如果在普通情况下，秦王出于体面可能就把范雎的话当作戏言处理了，但是这次秦昭王着急了。听了这些话之后非常害怕，当场就肯定了范雎所说的话。

我们暂且回到《战国策·秦策》继续看一下范雎的游说吧。范雎在宫中偷偷地攻击魏冉已经不是一次两次了，他还运用了自己知道的所有比喻来对魏冉进行攻击。即使庸劣的人的谗言也会相信，这就是人的心理，在范雎计划的第一阶段攻打韩国孤立魏国的策略取得圆满成功之后，秦王更加相信范雎的话了。范雎此时不遗余力地鼓动秦王清除外戚和他的兄弟们的势力。

大王听说过恒思这地方有个神丛吗？恒思有个勇猛的少年，要求与神丛玩掷骰子的游戏。少年说："我要是赢了神丛，神丛就将神力借给我三天；如果我输给了神丛，神丛就可以任意处置我。"于是，他左手替神丛掷骰子，右手替自己掷骰子。结果他赢了神丛，神丛就把神力借给了少年三天。三天期满，神丛去讨还神力，少年竟不归还。五天以后，神丛枯朽了，七天以后，神丛便死了。如今，国家就等于是大王的神丛，权力就等于是大王的神力，把权力借给别人，处境能不危险吗？臣从来没有听说手指粗过胳膊，胳膊粗过大腿的。如果有这种情况，那就病得太重了。

那个可恶的少年就是魏冉，神丛就是秦王。接下来范雎又假装担心国家的样子，对秦王说权力如果分散的话，最终国家就会走向分裂。

一百个人扛一个瓢向前急走，不如一个人拿着它跑，觉得轻快。如果真的有一百个人扛一个瓢，那么，瓢一定会弄得破碎不堪。现在我国有华阳君掌权，有穰侯掌权，有太后掌权，大王也掌权。如果不把国家当作瓢一样的器物看待，那还罢了；如果把国家当作瓢一样的器物看待，那么，国家必然会四分五裂。臣听说：果实繁盛了，必然会压断树枝；树枝压断了，就会伤害树心。封邑太大了，就会危害国家；大臣的势力强大了，就会危害国君。

简要来说就是要马上把外戚清除掉。秦王果然听从了范雎的建议。现在我们再回到列传看相关的记述。

于是废弃了太后，把穰侯、高陵君以及华阳君、泾阳君驱逐出国都。秦昭王还任命范雎为相国。收回了穰侯的相印，让他回到封地陶邑去，由朝廷派给车子和牛帮他拉东西迁出国都，装载东西的车子有一千多辆。到了国都关卡，守关官吏检查他的珍宝器物，发现珍贵奇异的宝物比王室还要多。

秦昭王把应城封给范雎，封号为应侯。此时是秦昭王四十一年。

秦昭王确实太害怕了，凭着范雎的一番话就把所有的外戚都赶走了。不过，我们马上就可以反问道：这真的是可能发生的事情吗？像魏冉这样把秦王室晾在一边，一手遮天，甚至连诸侯的事情都一手包办，这样一个强硬的人会是简单地赶走就可以解决的吗？但是上天帮忙了。魏冉离开的那一年是秦昭王四十二年（前265），正好就是宣太后去世的那一年。魏冉之所以能专权，就是因为背后有宣太后撑腰。这件事在《史记·秦本纪》中有记载。

笔者推断范雎之所以能被封为应侯，是因为他了解魏国的形势，据此制订了正确的作战策略并取得了成功。在秦国，如果没有军功的话，是不能随便得到封地的。同时，魏冉很无奈地被赶到自己的封地上，是因为阏与之战的失败和宣太后去世双重因素叠加导致的。宣太后作为一位女中豪杰，功劳是很大的，而且也很有威严。她一死，范雎就趁势推销他的远交近攻并强化王权，太后的势力也就彻底倒台了。

于是，魏冉就离开咸阳到自己的封地去了。他死之后，就埋在自己的封地上，秦王室后来又收回了他的封地，设为郡。司马迁评价说："魏冉作为秦王的亲舅舅，而且在帮助秦国成为天下霸主的过程中也立下了汗马功劳，但是因为范雎一个人的谗言，在其全盛期就直接倒台了。所以羁旅之臣（外国来的臣子）就更不用说了。"不过，魏冉离开的时候财物装了足足一千辆车不也是事实吗？拥有一千辆车财物的人，一个国家如果有两个这样的人的话，这个国家还能维持得下去吗？并且他在东边还有很大的封地。除掉了这样的人，秦昭王更加爱惜范雎了。司马迁说的羁旅之臣就不用说了，范雎在秦王心里还是有一定地位的。秦王在范雎的能力全部发挥出来之前，是不会抛弃他的。

4. 有恩必偿，有怨必报

让我们暂时结束剩下的故事。有着秦国权势依仗的范雎是不是把过去羞辱过自己的人都忘掉了呢？列传中各有关于这方面的故事。

范雎做了秦国相国之后，秦国人仍称他为张禄，而魏国人对此毫无所知，认为范雎早已死了。魏王听到秦国即将向东攻打韩、魏两国的消息后，便派须贾出使秦国。范雎得知须贾到了秦国，便隐藏了相国的身份，穿着破旧的衣服偷空步行到客馆，见到了须贾。

须贾一见范雎，不禁惊愕道："范叔原来没有死啊！"

范雎说："是啊。"

须贾笑着说："范叔是来秦国游说的吧？"

范雎答道："不是的。我前时得罪了魏国宰相，所以流落到这里，怎么还敢游说呢？"

须贾问道："如今你做些什么事？"

范雎答道："我给人家当差役。"

须贾听了有些怜悯他，便留下他一起吃饭，又不无同情地说："范叔竟然贫寒到这个样子了！"

须贾取出自己的一件粗丝袍送给范雎，趁便问道：

"秦国的相国张君，你知道他吧？我听说他在秦王那里很得宠，有关天下的大事都由相国张君决定。这次我办的事情成败也都取决于张君。你有没有跟相国张君熟悉的朋友啊？"

范雎说："我的主人很熟悉他，就是我也是能求见的。请让我把您引见给张君。"

须贾很不以为然地说："我的马病了，车轴也断了，不是四匹马拉的大车，我是决不出门的。"

范雎说："我愿意替您向我的主人借来四匹马拉的大车。"

范雎回去弄来四匹马拉的大车，并亲自给须贾驾车，直进了秦国相府。相府里的人看到范雎驾着车子来了，有些认识他的人都回避离开了。须贾见到这般情景感到很奇怪。到了相国办公的地方的门口，范雎对须贾说："等等我，我替您先进去向相国张君通报一声。"

须贾就在门口等着，拽着马缰绳等了很长时间不见人来，便问门卒说："范叔进去很长时间了不出来，是怎么回事？"

门卒说："这里没有范叔。"

须贾说："就是刚才跟我一起乘车回来，自己进去的那个人啊。"

门卒说："他就是我们相国张君啊。"

须贾一听大惊失色，自知被诓骗进来，就赶紧脱掉上衣，光着膀子，双膝跪地而行，托门卒传话向范雎认罪。范雎派人挂上盛大的帐幕，招来许多侍从，才让须贾上堂来见。须贾见到范雎，连叩响头，口称死罪，说："我没想到您靠自己的能力能达到这么高的尊位，我不敢再读天下的书，也不敢再参与天下的事了。我犯下了应该被煮杀的大罪，把我抛到荒凉野蛮的胡貉地区，我也心甘情愿，让我活、让我死只听凭您的决定了！"

范雎看着须贾，感到很可笑。假若须贾堂堂正正地对范雎说道："过去你做了应受质疑的事情。现在，我代表魏国，奉王命而来，无法向你谢罪。"那结果将会怎样呢？结果不得而知，但作为一个国家的使臣，理应那样刚正地说话才对。看看现在的情形，曾经用出众的口才游说魏冉的须贾，竟然如此低三下四地说着乞求的言辞。

范雎说："你的罪状有几项？"

须贾连忙答道："拔下我的头发来数我的罪过，也不够数。"

范雎说："你的罪状有三条。从前楚昭王时，申包胥为楚国谋划，打退了吴国军队，楚王把楚地的五千户封给他作食邑，申包胥推辞不肯接受，因为他的祖坟安葬在楚国，打退吴军也可保住他的祖坟。我的祖坟在魏国，可是你前时认为我对魏国有异心，暗通齐国，而在魏齐面前说我的坏话，这是你的第一条罪状。当魏齐把我扔到茅厕里肆意侮辱时，你不加制止，这是你的第二条罪状。更有甚者，你喝醉之后往我身上撒尿，你何等的忍心啊？这是你的第三条罪状。不过，你之所以能不被处死，是因为从今天你赠我一件粗丝袍来看，还有点老朋友的依恋之情，所以我给你一条生路，放了你。"

于是送走须贾，结束了会见。随即范雎进宫把事情的原委报告了昭王，决定不接见魏国来使，责令须贾回国。

须贾去向范雎辞行，范雎便大摆宴席，请来所有诸侯国的使臣，与他们同坐堂上，酒菜饭食摆设得很丰盛。不过，他却让须贾坐在堂下，在他面前放了一槽草豆掺拌的饲料，又命令两个受过墨刑的犯人在两旁夹着饲料，像喂马一样喂他吃。

范雎责令他道："给我告诉魏王，赶快把魏齐的脑袋拿来！不然的话，我就要屠平大梁。"

范雎向来是极为谨慎小心之人，但这次他却原原本本地暴露了自己的性情，可见他个人对之前在魏国的遭遇，有着多么大的怨恨。须贾回到魏国，把情况告诉了魏齐，魏齐大为惊恐，便逃到了赵国，躲到平原君赵胜的家里。

范雎是一个心中有数的人，有恩报恩，有冤报冤。郑安平和王稽是范雎的恩人，他都给予他们官职作为回报。然而，日后拖范雎下水的也是他的这些恩人。

5. 东方的竞争者们——平原君的义气，春申君的忠诚，魏无忌的下交

接下来我们看一下日后将会与范雎正面对决的这几个人吧。如果说秦国有范雎的话，那么在当时的东方也有被称作三杰的三个人。那就是赵国的平原君赵胜、楚国的春申君黄歇和魏国的信陵君魏无忌。他们虽然与范雎有着这样那样的联系，但是都有一个共同的特点，那就是他们都是反秦人士。各个国家的掌权人一致对外声称反秦的情况并不多见。他们一起集思广益，力往一处使，共同对付范雎。在接下来我们就来看一下这三个人与范雎进行了多么惨烈的对决。

笔者根据他们的个人资质对他们进行了这样的排名：一信陵，二春申，三平原。平原君虽然很有风骨，但是在大战略的制订上有所欠缺。春申君勇气和谋略都具备，但是却被欲望所迷惑。而信陵君，无论是洞察天下大势的眼光，还是战国时代所需要的军事才能，或者吸引人才的人品都集于一身，是不可多得的人才。

笔者首先介绍一下排名第三的平原君吧。平原君是跟范雎以冤家关系开始，也以冤家关系结束的人物。介绍他的出身背景的最好资料就是《史记·平原君虞卿列传》。我们通过列传的记载来研究一下他吧。

平原君赵胜是一位辅佐惠文王和孝成王，并先后三次从宰相之位上离职又再次被任命的人物。他是武灵王的儿子，同时也是惠文王的弟弟。《史记·六国年表》记载，他是在魏冉倒台、范雎上台的那一年，也就是公元前265年被封为平原君的。他还像从前的孟尝君一样，供养了许多食客。关于他，有如下的故事，我们来看一下。

平原君家有座楼宇，面对着下边的民宅。民宅中有个跛子，总是一瘸一拐地外出打水。平原君心爱的一个妾住在楼上，有一天她往下看，正看到跛子打水的样子，就哈哈大笑起来。第二天，这位跛子找上平原君的家门来，请求道："我听说您喜爱士人，士人所以不怕路途遥远，千里迢迢聚集到您的门下，就是因为您看重士人而卑视姬妾啊。我遭到不幸得病致残，可是您的姬妾却在高楼上耻笑我，我希望得到耻笑我的那个人的人头。"

平原君笑着应答说："好吧。"

等那个跛子离开后，平原君又笑着说："看这小子，竟因一笑的缘故要杀我的爱妾，不也太过分了吗？"

平原君终究没舍得杀那个姬妾。过了一年多，宾客以及有差使的食客陆陆续续地离开了。平原君对这种情况感到很奇怪，说："我赵胜对待各位先生的方方面面，不曾敢有失礼的地方，可是离开我的人为什么这么多呢？"

一个门客走上前去回答说："因为您不杀耻笑跛子的那个妾，大家认为您喜好美色而轻视士人，所以士人就纷纷离去了。"

于是平原君就斩下耻笑跛子的那个爱妾的头，亲自登门献给跛子，并借机向他道歉。从此以后，原来门下的客人就又陆陆续续地回来了。

我将在下一章中写到，在范雎任秦相的第二年，也就是秦昭王四十二年，秦国向东进攻韩国的少曲和高平，拿下了这两座城邑。当时，秦昭王听说魏齐藏在平原君的家里，想替范雎报这个仇，就假装交好，写了一封信给平原君说："寡人久闻公子为人有高尚的道德情义，希望跟公子成为像平民百姓一样无拘无束的知心朋友，假若公子肯光临寡人这里小住几日的话，寡人愿同公子开怀畅饮十天。"

平原君本就畏惧秦国，看了信又认为秦昭王真的有意交好，便到秦国见了秦昭王。昭王陪着平原君宴饮了几天，便对平原君说："从前周文王得到吕尚尊他为太公，齐桓公得到管夷吾尊他为仲父，如今范先生也是寡人的叔父啊。范先生的仇人住在公子家里，希望公子派人把他的脑袋取来；不然的话，我就不让公子出函谷关。"

我们已经看到了须贾在与范雎的会面中的表现，但是平原君对秦昭王是这样说的："显贵了还要交低贱的朋友，是为了不忘低贱时的情谊；富贵了还要交贫困的朋友，是为了不忘贫困时的友情[1]。魏齐，是我的朋友，即使他在我家，我也决不会把他交出来，何况现在他根本不在我家呢。"

昭王又给赵国国君写了一封信："大王的弟弟平原君在寡人这里，而范先生的仇人魏齐就在平原君家里。大王派人赶快拿他的脑袋来；不然的话，寡人就要发动军队攻打赵国了，而且不把大王的弟弟放出函谷关。"

赵孝成王看了信就派士兵包围了平原君的家宅，危急中，魏齐连夜逃出了平原君家，到了赵国宰相虞卿那里。可怜的魏齐将会怎样呢？虞卿虽然接纳了魏齐，但估计赵王不可能被自己说服，于是

---

[1] 这句话说得很含蓄。《史记·范雎蔡泽列传》中"贵而为交者，为贱也；富而为交者，为贫也"。这个解释虽然不勉强，但是语气中充满着生意人的算计。杜甫赞美管仲和鲍叔的"贫时交"，司马迁也在《史记·货殖列传》中称赞了积攒了千金的范蠡"再分散与贫交"，是不是都是一样的道理呢？

就解下自己的相印，跟魏齐一起逃出了赵国，想来想去几个诸侯国都没有能急人之难而可以投靠的人，就又奔回大梁，打算通过信陵君投奔到楚国去。信陵君听到了这个消息，害怕秦国找上门来，有些犹豫不决，不肯接见他们，就向周围的人问道："虞卿这个人怎么样？"

当时侯嬴在旁边，就回答说："人固然很难被别人了解，可了解别人也不是件容易的事。那个虞卿脚踏草鞋，肩搭雨伞，远行而到赵国。第一次见赵王，赵王赐给他白璧一对，黄金百镒；第二次见赵王，赵王任命他为上卿；第三次见赵王，终于得到相印，被封为万户侯。当前，天下人都争着了解虞卿的为人。魏齐走投无路时投奔了虞卿，虞卿根本不把自己的高官厚禄看在眼里，解下相印，抛弃万户侯的爵位而与他逃走。能把别人的困难当作自己的困难来投奔公子，公子还问'这个人怎么样'。人固然很难被别人了解，但了解别人也实在不容易啊！"

信陵君听了这番话分明有讥讽自己的意味，深感惭愧，赶快驱车到郊外去迎接他们。可是魏齐听到信陵君刚开始不太想接见他的消息，便一怒之下刎颈自杀了。赵王得知魏齐自杀身亡，就取了他的脑袋送到秦国。秦昭王这才放平原君回赵。

如果说要指出点什么错误来的话，那就是平原君实际上是孝成王的父亲惠文王的弟弟。因此，引用文中的"王的弟弟"应该换成"先王的弟弟"就对了。但是公元前265年是惠文王去世，孝成王登基的年份，所以也可能是惠文王接到了秦王的信，但是却是孝成王满足了秦王的要求。

我们撇下这些小事不谈，来关注一下平原君对此事的应对。那么有骨气的平原君今后将会如何对待秦国，我想我们也可以预测到。不过，实际上范雎却说平原君是被夸大了评价的人物。这应该是因为平原君没有当场交出魏齐而怀恨在心吧？《战国策·秦策》中有记载他说的话，就当作他是对秦王说话。

应侯曰："郑人谓玉未理者璞，周人谓鼠未腊者朴。周人怀璞过郑贾曰：'欲买朴乎？'郑贾曰：'欲之。'出其朴，视之，乃鼠也。因谢不取。今平原君自以贤显名于天下，然降其主父沙丘而臣之。天下之王尚犹尊之，是天下之王不如郑贾之智也，眩于名，不知其实也。"

范雎的过人之处就在这里。不被空话所迷惑，能准确把握事情的本质。他认为世上的人们都对平原君"炫于名不知其实"，在他看来，平原君只不过是一个被夸大包装过的人，并不是自己的对手。战场上是双方实打实对决的地方，并不是靠名声就能压制住对方的地方。范雎果真能实现他的豪言壮语吗？

现在是时候来介绍一下排在第二位的人物春申君黄歇了。与平原君不同，范雎对黄歇的实力是认同的。《史记·春申君列传》中有关于他的个人能力的记载，我们来看一下。

我们应该还记得之前的内容，黄歇为了拯救即将灭亡的楚国而去游说秦昭王"不要远道而来攻打楚国"的事吧。其实他说的内容与范雎的远交近攻政策十分的相似。他成功地使秦国与楚国之间实现了休战，为了强化这次游说的成果，他又陪同楚国太子熊完作为人质在秦国滞留了约十年之久。他前往秦国的时间是公元前272年，回到楚国后又辅佐成为国王的熊完，并当上宰相，这年是公元前262年。因此他在秦国目睹并观察了范雎上台的全过程。由于黄歇犀利的言辞和精辟的见解，即便两人同床异梦，但是考虑到两人在战略倾向上是如此的相似，范雎应该也没有讨厌黄歇的理由。

就在范雎一心一意攻打韩国的时候，楚国传来了顷襄王得病的消息，但是秦国不肯放太子熊完回国。幸运的是，太子熊完跟范雎的关系不错。于是黄歇就去游说范雎。

"相国真的跟我国的太子关系好吗？"

范雎回答说："是这样吧。"

黄歇说道："如今我王恐怕一病不起了，贵国不如让太子回去好。如果太子能立为王，他侍奉贵国一定厚重且感激相国的恩德将永不竭尽，这不仅是亲善友好国家的表示，而且为将来保留了一个万乘大国的盟友。如果不让他回去，那他充其量也只是个咸阳城里的百姓罢了；我国将改立太子，肯定不会侍奉贵国。那样就会失去友好国家的信任，又断绝了一个万乘大国的盟友，这不是上策。希望相国仔细考虑这件事。"

范雎是个敏锐的人。楚国再怎么愚蠢，也不至于重蹈怀王的覆辙。我们应该还记得在前面的章节中，廉颇说如果去参加会盟的国王发生什么变故的话，为了国家的社稷可以不考虑君主而直接立太子为新王。楚国也完全可能做到这一点。范雎听了黄歇的意见之后，又去征询昭王的意见，昭王慎重地拿出了对策："让楚国太子的师傅先回去探问一下楚王的病情，回来后再作计议。"

在这种情况下，黄歇为了太子再次拿出了果断的计策。这一计

邯郸城下的田野　三千年古都邯郸的地势，位于一片山坡之上，从这里可以看到辽阔的华北平原。得益于独特的地理位置，邯郸得以在数次风波之后存留下来。

策就是既然这也不行，那也不行，那就干脆走为上计。黄歇对太子说："秦国扣留太子的目的，是要借此索取好处。现在太子要使秦国得到好处是无能为力的，我忧虑得很。而阳文君的两个儿子在国内，大王如果不幸辞世，太子又不在楚国，阳文君的儿子必定被立为继承人，太子就不能继承宗庙社稷大业了。不如逃离秦国，跟使臣一起走；请让我留下来，以死来担当责任。"

楚太子于是换了衣服，扮成楚国使臣的车夫得以出了客馆，而黄歇在客馆里留守，总是推托太子有病谢绝会客。过了好久，估计太子已经走远，秦国追不上了，黄歇就主动向秦昭王报告说："我国太子已经回去，离开很远了。我当死罪，愿大王赐我一死。"

昭王大为恼火，准备让黄歇自杀。然而此时范雎进言道："黄歇作为臣子，为了他的主人肯献出自己的生命，太子如果立为楚王，肯定重用黄歇，所以不如免他死罪，让他回国，来表示对楚国的亲善。"

秦王听从了范雎的意见，把黄歇遣送回国。范雎并不单纯是游说家，而是有着经略天下的实质方案的人物。这样，黄歇算是欠了范雎的人情。不过，在战国的舞台上，黄歇仍旧还是坚定的反秦派。

黄歇回到楚国三个月，顷襄王去世，太子熊完被立为楚王，是为考烈王。考烈王元年，任命黄歇为宰相，封为春申君，封赏淮北地区十二个县。春申君担任楚国宰相的第二年，秦国在长平击败和坑杀了赵国四十多万大军。次年，秦军又包围了赵国都城邯郸。赵国向楚国告急求援，楚国派春申君带兵去救援邯郸，秦军解围撤退后，春申君返回楚国。关于这个故事，我们在之后的内容里会做详细的叙述。

虽然是后面的事情，但是春申君的故事我们暂时就说到这里吧。春申君担任楚国宰相的第八年，为楚国向北征伐，灭掉鲁国，任命荀卿担任兰陵县令。这个时候，楚国又兴盛强大起来了。在得到封地十五年之后，黄歇这样对楚王说道："淮北地区靠近齐国，那里情势紧急，请把这个地区划为郡治理更为方便。"

并同时献出淮北十二个县，请求封到江东去，考烈王答应了他的请求。春申君就在吴国故都修建城堡，把它们作为自己的都邑。那里曾是霸者阖闾的土地。同时，春申君的宾客超过三千人，全都穿得很奢华。见平原君的使臣的时候，全都穿着镶嵌着珠宝的鞋子。不过，考虑到魏冉最后的下场，春申君的这些行为似乎也不值得提倡。这样富裕强大、盘踞在过去的吴国土地上的臣子们，国王真的会喜欢他们吗？

现在应该介绍一下最后一位强者了，他是一位真正的强者。平原君可能不是范雎的对手。春申君虽然有能力，但是在首都沦陷之后忙于处理内政，其实也受到了打压。然而，山东并不只有这些人。信陵君魏无忌就是集范雎和魏冉的特点于一身的战略家。如果魏国仍然保有河东地区，他又能掌控政局的话，那么他也许可以取得跟吴起一样的功绩。

我们先通过《史记·魏公子列传》来认识一下这个人。魏无忌是魏昭王的小儿子、魏安釐王的异母弟弟。昭王去世后，安釐王即位，封魏无忌为信陵君。后文笔者提到平原君和春申君的时候将直接使用他们的封号，信陵君则直接使用他的名字。他不是囿于封号的人，所以直接喊他的名字，更有利于表现他的特征。

魏无忌为人仁爱宽厚、礼贤下士，士人无论有无才能，也无论才能大小，他都谦恭有礼地同他们交往，从来不敢因为自己富贵而轻慢士人。因此方圆几千里的士人都争相归附于他，最终引来食客三千人。当时，诸侯各国因魏无忌贤德，宾客众多，连续十几年不敢动兵谋犯魏国。虽然是列传中记载的内容，可以肯定的是有所夸大了，因为魏国和秦国打仗连续几次都是且战且败。并且魏齐在受到范雎厌恶并被赶走之前，魏无忌好像并没有掌握实权。但这是因为他无能吗？我们接下来继续看一下列传的内容吧。

有一次，魏无忌跟魏王正在下棋，不想北边边境传来警报，说：

"赵国发兵进犯，将越过边境。"

魏王立即放下棋子，就要召集大臣们商议对策。魏无忌劝阻魏王说："是赵王打猎罢了，不是进犯边境。"

说完又接着跟魏王下棋，如同没发生什么事一样。可是魏王惊恐，心思全没放在下棋上。过了一会儿，又从北边传来消息说："是赵王打猎罢了，不是进犯边境。"

魏王听后大感惊诧，问道："公子是怎么知道的？"

魏无忌回答说："我的食客中有个人能深入探到赵王的秘密，赵王有什么行动，他就会立即报告我，我因此知道这件事。"

从此以后，魏王畏惧魏无忌贤能，不敢任用魏无忌处理国家大事。后来在对抗范雎的远交近攻策略的时候，魏无忌大展身手，但是他从来没有走到政治的第一线。

在谈论魏无忌的时候，有一点是不能忽略的，那就是他的交际。就像平原君不肯抛弃处于困境中的魏齐一样，敢于同贫寒的人结交，信陵君则敢于同身份低下的人平等地交往。司马迁说信陵君"不耻下交"，高度评价他与人的交往。司马迁给予"下交"最高评价的理由是什么呢？可能是因为把人当作人来对待吧。敢于超越身份限制的那种侠气在当时也算是脍炙人口了。

战国时代末期仍旧是事实上的身份制社会。比如说，范雎如果是王族的话，即使不用经历那么多磨难，也可以安身立命。魏无忌自身就是王族，所以得到了信陵君的封号。孔子在《易》中说："君子上交不谄，下交不渎。"描述了君子的至诚交往。笔者在序文中用一个"侠"字来描述了信陵君的精神世界。侠就是敢于不分彼此地与下层的人交往的人。列传中也出现了关于魏无忌交友的故事，我们来看一下：

　　魏国有个隐士叫侯嬴，已经七十岁了，家境贫寒，是大梁城东门的看门人。公子听说了这个人，就派人去拜见，并想送给他一份厚礼。但是侯赢不肯接受，说："我几十年来修养品德，坚持操守，终究不能因我看门而贫困的缘故接受公子的财礼。"

公子于是就大摆酒席，宴饮宾客。大家来齐坐定之后，公子就带着车马以及随从人员，空出车子上的左位，亲自到东城门去迎接侯先生。侯先生整理了一下破旧的衣帽，径直上了车子坐在公子空出的尊贵座位上，丝毫没有谦让的意思，想借此观察一下公子的态度。可是公子手握马缰绳更加恭敬。侯先生又对公子说："我有个朋友在街市的屠宰场，希望劳驾一下车马载我去拜访他。"

公子立即驾车前往进入街市，侯先生下车去会见他的朋友朱亥，他斜睐缝着眼看公子，故意久久地站在那里，同他的朋友聊天，同时暗暗地观察公子。公子的面色更加和悦。在这个时候，魏国的将军、宰相、宗室大臣以及高朋贵宾坐满堂上，正等着公子举杯开宴。街市上的人都看到公子手握缰绳替侯先生驾车。公子的随从人员都暗自责骂侯先生。侯先生看到公子面色始终不变，才告别了朋友上了车。到家后，公子领着侯先生坐到上位上，并向全体宾客以赞扬的语气介绍了侯先生，满堂宾客无不惊异。大家酒兴正浓时，公子站起来，走到侯先生面前举杯祝他健康。侯先生趁机对公子说："今天我侯赢为公子尽力也够了。我只是个城东门抱门插关的人，可是公子委屈车马，亲自在大庭广众之中迎接我，我本不该再去拜访朋友，今天公子竟屈尊陪我拜访他。可我也想成就公子的名声，故意让公子车马久久地停在街市中，借拜访朋友来观察公子，结果公子更加谦恭。街市上的人都以为我是小人，而认为公子是个高尚的人，能礼贤下士啊。"

于是等到酒宴一结束，侯赢就成了公子的上宾。

我们暂且再来分析一下信陵君的行为。他不仅不为结交下层的人而感到羞耻，反而鼓励提倡这种行为。王族的人与看门人结交，谦逊地对待屠夫，那么王族下面的人又该怎么做呢？像前面提到过的那样，在战国时代这些有名的公子们都肩负着举荐人才的重任。将侯嬴带到宴会场所介绍给众人，也表明了那时候任用人才的原则。

我们继续看屠夫朱亥的故事吧。

侯先生对公子说："我所拜访的屠夫朱亥，是个贤能的人，只是人们都不了解他，所以隐没在屠夫中罢了。"

于是公子多次前往拜见朱亥，朱亥故意不回拜答谢，公子觉得这个人很奇怪。如果说魏无忌知道了下层的交往的话，朱亥就相当于了解了上层的人的交往。就像孔子说的那样，不要仅仅成为身份上的君子，更要成为心灵上的君子，在与上层的人交往的时候，不要谄媚。虽然如此，但是两个人都已经彼此承认对方是君子了，在他们中间已经萌发了一种契约式的义气。朱亥日后也将会有一番大作为。

到此为止，人物介绍已经基本完成了。后面将会介绍在远交近攻和合纵战略对决下，多得难以想象的士兵们在战场上进行血流漂杵的厮杀了。在这里不得不强调一下，远交近攻其实是一种攻击性政策。我们反过来解读一下其意义吧。虽然攻打远方国家很难，但是同样的道理，倚赖远方国家的帮助也是不可靠的。因此，在守备方面，远交之策也帮不到什么大忙。然而，秦国的进攻阶段正是远交政策发挥作用的时候，处于劣势的国家之间还能互相帮助吗？

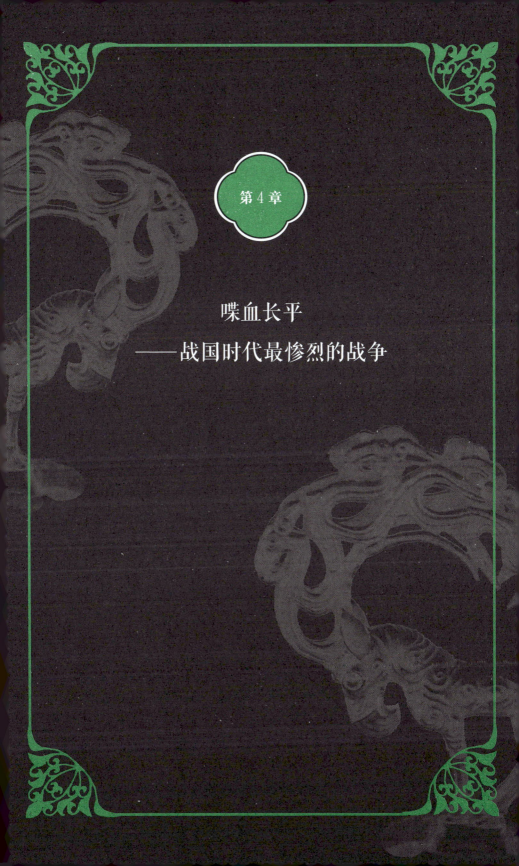

第 4 章

喋血长平

——战国时代最惨烈的战争

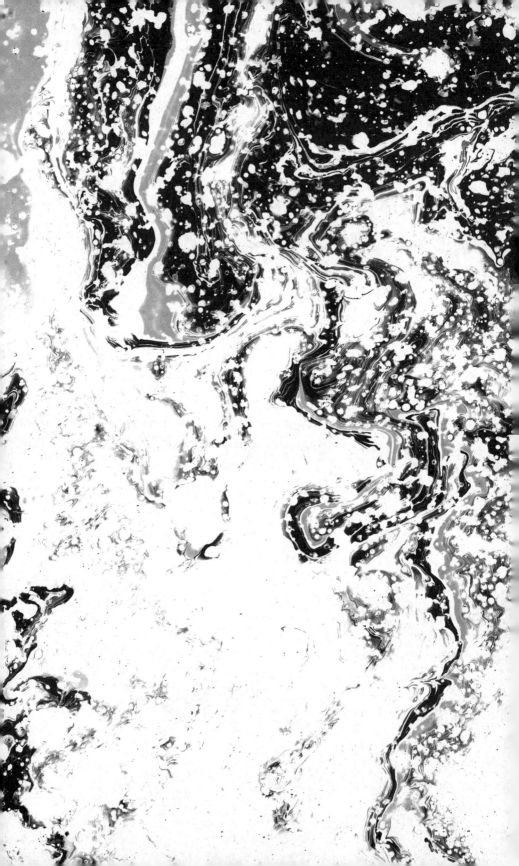

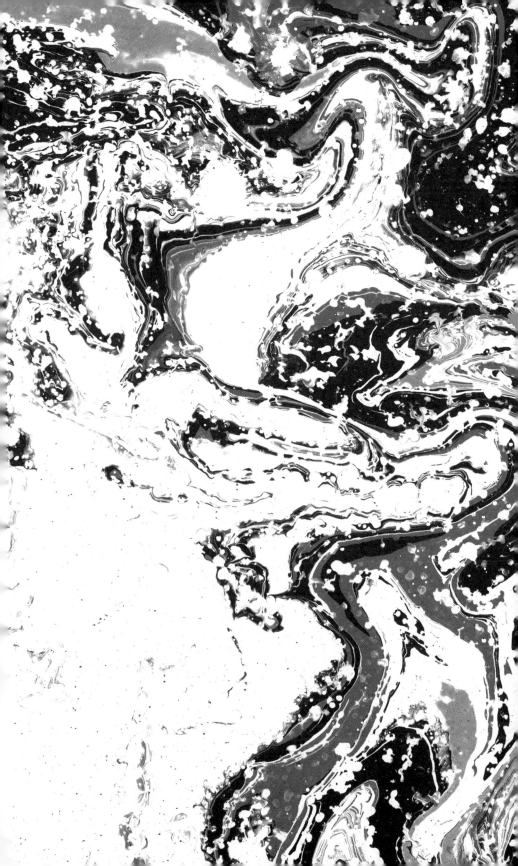

长平，这个埋葬了四十五万赵国将士血肉之躯的地方，风沙肆虐，步履维艰。笔者暂且放下对战国时代具体境况的探求，转而陷入了对人类际遇的苦思。就像某位吟游诗人在歌中[①]唱的："还要再走多远的路，才能少一些杀戮；还要再牺牲多少条生命，才能知道死去的人已经太多。"究竟要到什么时候，人们才能幡然醒悟呢？

公元前260年的长平，粮道被堵，将士们陷入绝望，互相残杀而食，饥饿让人变成了禽兽，为了生存，他们把义抛之脑后，昨天的同伴，今天成了他们磨刀霍霍、拔刀相向的果腹之餐。

> 郑人之下鞶也，庄跷之暴郢也，秦人之围长平也，韩、荆、赵，此三国者之将帅贵人皆多骄矣，其士卒众庶皆多壮矣，因相暴以相杀，脆弱者拜请以避死，其卒递而相食，不辨其义，冀幸以得活。如爱旌目已食而不死矣，恶其义而不肯不死。今此相为谋，岂不远哉？
>
> ——《吕氏春秋·季冬纪·介立》

是谁把人逼到了不惜啃食自己同类的境地？那一天，任凭弱者百般祈求都无济于事，他们只能束手就擒，不是他们要投降，而是没有选择的余地。他们期望再也不会有人吃人的人间惨剧，哪怕是做奴隶也要活下去。但是，司马迁却这样记载："数十万之众遂降秦，

---

① 鲍勃·迪伦（Bob Dylan），《答案在风中飘扬》。

秦悉坑之。"

　　"悉"这个字让人不寒而栗。把饥饿的俘虏生生活埋进不会再有饥饿的大地。是谁要杀死饥肠辘辘的俘虏？

　　历史也总是不知何时就把成功或是失败的种子撒在某个角落。在今天的中国，白起作为战国时代统一六国的英雄受到世人的推崇。但是，他们却忽略了正是白起为秦国的败亡埋下了祸端。如果是让死去的儿子祭祀死去的父亲，这样的统一有何意义？那时候世道日益卑劣不堪，把统一视为最高尚的理想，以此掩盖那些恶行。统一的目的是为了让世人能够更好地生活，如果为了统一把人全都杀死，那岂不是本末倒置？这样的统一有何意义？为什么说统一与颠覆的种子在此地被同时埋下，本章将一一道来。

1. 秦国的战争观——"正义的军队"

在讲述长平之战之前，我们先通过《吕氏春秋》来解读一下秦国的战争观，即秦国的战争观到底是出于真心，还是政治性的宣战。在笔者看来，侵略战争的本质虽然有贪欲在作祟，却套着正义的外衣，如果不揭开这层外衣，也就无法揭开战争的真相。

《吕氏春秋》虽然被归类为杂家类，却可称得上是一部关于秦国的历史书，里面不乏一些拥护秦国的议论文。这本著作当中关于论述秦统一六国正当性的部分具有相当的一贯性，它把统一预设为既定事实，进而探讨统一之后的体制问题。本章将侧重战争观的探讨。

秦国的统一战争观简单来说就是所谓的正义战争。这种巧妙的战争理论当中折射了秦国人对天下秩序的看法，即根据这一理论，在没有首领的世界就要树立一个首领，名义上是探讨成为首领的资质，而实际上那只是表象。正如托马斯·霍布斯提出的为了克服"万人对万人的斗争"，需要通过社会契约建立一个国家的理论，秦国为了克服"万国对万国的斗争"，提出了所谓"正义的战争"。社会契约论的国际政治部分中，战争取代了契约成为解决问题的手段，他们认为斗争是人类的本性，因为本性是生来就有的，所以不必怀疑战争的存在。

> 古圣王有义兵而无有偃兵。兵之所自来者上矣，与始有民俱。凡兵也者，威也；威也者，力也。民之有威力，性也。性者，所受于天也，非人之所能为也。武者不能革，而工者不能移。

如果打压对方是人类的本性，那么战争的历史与人类的历史并驾齐驱。更为触目惊心的是，在最初的"万人与万人的斗争"中，只有强者才能成为首领。所谓的正义概念还未登场。

> 兵所自来者久矣。黄、炎故用水火矣，共工氏固次作难矣，五帝固相与争矣。递兴废，胜者用事。人曰"蚩尤作兵"，蚩尤非作兵也，利其械矣。未有蚩尤之时，民固剥林木以战矣，胜者为长。

的确如此，胜利者可以为所欲为。黄帝和炎帝并没有道德的高下之分，五帝能轮番掌管天下，是因为他们在斗争中取得了胜利。但最初仅仅凭借着力量占据高位的胜利者如果进入下一个阶段，就会悄悄打出正义军队的旗号。

> 长则犹不足治之，故立君。君又不足以治之，故立天子。天子之立也出于君，君之立也出于长，长之立也出于争。争斗之所自来者久矣，不可禁，不可止。故古之贤王有义兵而无有偃兵。

若首领还不足以治理好百姓，就立君主。若君主还不足以治理好百姓，就立天子。首领只是力量比别人强大，而天子顾名思义是上天的子嗣，天子这个称呼本身就占据了道德的高位，既然如此，上天的子嗣怎么可能没有道义呢？因此，人世间的首领不过是通过力量上的较量产生的，而上天的子嗣发动的最高级的战争天生就具备正义性。

力量强大的人登上高位之后，要考虑的自然是保住自己的位置不被别人夺走，这就是古代专制政治等级制的本质。而要让别人无法抢走自己的位置，就需要同时具备强大的力量和正当的理念。

> 家无怒笞，则竖子、婴儿之有过也立见；国无刑罚，则百姓之相侵也立见；天下无诛伐，则诸侯之相暴也立见。故怒笞不可偃于家，刑罚不可偃于国，诛伐不可偃于天下。

为什么秦国想要成为天下的首领呢？它是为了让诸侯们之间不相互征伐，是想要接替周朝的使命，并进一步把秦国的军队美化为正义之师。

> 兵诚义，以诛暴君而振苦民，民之说也，若孝子之见慈亲也，若饥者之见美食也。
>
> ——《吕氏春秋·孟秋纪·荡兵》

那么别国的百姓真的如同孩子见到父亲一般欢欣雀跃地前来迎接秦军吗？从之后的故事来看，可以知道事实并非如此。在战国时代，比起其他国家，秦国的君主最为昏庸无道。因此这一说法实在牵强，但它却进而攻击墨家学派的非攻思想。

> 今不别其义与不义，而疾取救守，不义莫大焉，害天

下之民者莫甚焉。故取攻伐者不可，非攻伐不可；取救守不可，非救守不可；取惟义兵为可。兵苟义，攻伐亦可，救守亦可；兵不义，攻伐不可，救守不可。

——《吕氏春秋·孟秋纪·禁塞》

正义之师应该像汤王和文王的军队那样受到百姓们的支持和拥护。但是，汤王和文王的军队所发起的战争是颠覆某一个政权的易姓革命，而不是以吞并多个国家为目的的长期兼并战。《吕氏春秋》主张如果不出动正义的军队，不义的君主反而会祈求侥幸存活。正义之师其意在于发动战争是为了解救处于水深火热之中的所有百姓。如此说来，秦国的君主比邻国的君主更为正义吗？如果秦军是所谓的正义之师，那么该如何行动呢？而把正义之师的理论加以改造，使之符合战国时代要求的人正是吴起，《吕氏春秋》当中记载了有关吴起的故事。

今兵之来也，将以诛不当为君者也，以除民之雠而顺天之道也。民有逆天之道、卫人之雠者，身死家戮不赦。有能以家听者，禄之以家，以里听者，禄之以里；以乡听者，禄之以乡；以邑听者，禄之以邑；以国听者，禄之以国。

——《吕氏春秋·孟秋纪·怀宠》

当时战争结束，占领军攻入后，就发布这样的布告令，意思无非是如果投降，就饶你不死，倘若敢抵抗，格杀勿论，但是用词却给人一种大义凛然之感。然而，"正义之师"的真正面目难道不应该是下面所叙述的这样吗？《吕氏春秋》当中的内容实际上与之相互矛盾。

今天下弥衰，圣王之道废绝。世主多盛其欢乐，大其钟鼓，侈其台榭苑囿，以夺人财；轻用民死，以行其忿。老弱冻馁，夭瘠壮狡，汔尽穷屈，加以死虏。攻无罪之国以索地，诛不辜之民以求利，而欲宗庙之安也，社稷之不危也，不亦难乎？今人曰："某氏多货，其室培湿，守狗死，其势可穴也。"则必非之矣。曰："某国饥，其城郭庳，其守具寡，可袭而篡之。"则不非之。乃不知类矣。《周书》曰："往者不可及，来者不可待，贤明其世，谓之天子。"故当今之世，有能分善不善者，其王不难矣。

——《吕氏春秋·有始览·听言》

这一部分用墨子、庄子、儒家的思想来揭露侵略战争的本质是攫取利益。战争的始作俑者有着想要追求利益的贪欲，而对方的弱点让这种贪欲更为蠢蠢欲动，侵略战争本质上是一种盗贼行径。如果不想成为盗贼，那么该如何行事呢？要能分辨善与恶。但是秦国发动的战争却不是为了分辨善与恶，事实上，如果把战争单纯地看作是重新对善与恶进行分辨和审判，那么这样的想法未免太过天真了。

在即将到来的战争当中，秦国将会成为胜利者。笔者将会对这种胜利的原动力进行分析，但是这当中并没有"正义"，所谓"正义的战争论"不过是谎言。但即便是谎言，饱受战争摧残的百姓也想要去相信，哪怕知道那是谎言，也愿意被它欺骗。

2. 远交近攻的第一个牺牲品

范雎在秦国站稳了脚跟，《史记·秦本纪》当中这样记载：

（秦昭王）四十三年（前264），武安君白起攻韩，拔九城，斩首五万。

四十四年，攻韩南阳，取之。

四十五年，五大夫贲攻韩，取十城。

与以往的攻势不同，连续三年的征伐显然是为了彻底消灭韩国。虽然韩国遭到如此猛烈的进攻，它的邻国却没有施以援手，这是因为范雎利用远交近攻的策略使韩国被孤立。正如上一章所述，范雎为了拉拢魏国而攻打邢丘，果然魏国失去邢丘之后与秦国讲和交好，随后秦国就集中兵力攻打孤立无援的韩国。根据《史记·范雎蔡泽列传》的记载，秦昭王四十三年，秦国攻占韩国陉城，在河边的广武筑城。《史记·白起王翦列传》当中则记载那年秦国攻占韩国陉城，夺五城，斩杀五万人，第二年，攻打、堵截南阳太行道。《史记·六国年表》当中记载秦国攻打韩国陉城，在汾地筑城。

综合这些史料可知，秦国运用自己的优势兵力同时开辟了两条作战路线。陉城位于今天河南省襄城的北部，当时位于韩国都城新郑的南边，广武也在其周边。秦国进攻陉城，既威胁了南边的韩国都城，又切断了北部的太行道，同时在广武筑城是为了切断太行道，封堵上党，这就是范雎所谋划的"仅发动一次军队就把韩国瓜分为三瓣"的策略。

进攻继续向上党深入，秦军攻入荥阳，秦韩两军沿着太行道展开激烈的战斗。在战场上，韩军死伤无数却依旧坚持到底，因为他们知道秦国的目的是要让自己的国家灭亡。让我们跟随《战国策·赵策》当中所记载的内容一起回到上党的战场。秦昭王对公子他说："从前齐、韩、魏三国联军和我国在崤山之下交战，韩国是联军的主力，和齐、魏两国联合进攻我国。韩国与我国接界，它的国土不足千里，韩国反复无常，不能和它定结盟约。从前我国和楚国战于蓝田，韩国本决定派出精锐部队帮助我国，但看到我国作战失利，它又投靠楚国，不坚守信约，唯利是图。韩国对于寡人，乃是心腹之患，寡人要讨伐它，你看怎么样？"

公子他回答说："大王出兵进攻韩国，韩国一定害怕，既然害怕就可以不战而多割取它的土地。"

王说："好。"

于是两路出兵，一军前往荥阳，一军前往太行。虽然《战国策·赵策》当中通过秦昭王与公子他之间的对话来说明这一行动的缘由，但实际上这一策略原本是范雎的意思。

抵挡不住秦军来势汹汹的强大攻势，韩国为了争取时间，一边派城阳君（《战国策·赵策》中作阳城君，而《史记》中却作城阳君）到秦国，以割让上党的条件向秦国求和；一边让韩阳前往上党，向太守靳黈传达命令说："秦国派出两支军队进攻我国，我国如今无法自保恐要灭亡，现在大王一边在荥阳与之交战，一边决定割让上党给秦国来求和，所以派我来告知太守，望太守把上党交接给秦国。"

然而，靳黈是个威武不能屈的勇士，他回答说："人们说'即使只有举起瓶子大小的智慧，也要守住自己的碗'。虽然大王下了命令，但我是太守。虽然是大王和您的话，我也不得不怀疑。我会发动上党所有守备军的力量与秦国对抗，如果最后守不住上党，那么我会以死谢罪。"

韩国的朝堂之中已是四分五裂，和靳黈一样的勇士们视死如归，誓要与秦国决一死战，而王室却贪生怕死执意求和，而这段时间派往别国请求救援的使臣却依旧杳无音信。当时许多国家已经被纳入到范雎的计划之中。辅助着历经千辛万苦才得以继位的大王，楚国春申君黄歇也很谨慎，韩国遭难，如果赵国不出马，那么楚国也不会先行动。范雎预料到诸侯之间的合纵联盟，对此有所防备。范雎为蚕食中原，竭力与齐国交好，如他所料，齐国也并没有任何举动。至于齐国在韩国被攻打时扮演了何等角色，《史记·田敬仲完世家》中并没有任何一句的记述。

面对秦国的猛烈攻击，韩国束手无策，那么为什么其他国家没有早些谋划对策呢？至少在下一个目标魏国和上党沦陷之时，即将要直面秦国的赵国也应该有所行动了。范雎到底是以什么方式瓦解了诸侯之间的合纵联盟呢？可以说为了胜利，范雎不择手段。《战国策·秦策》当中记载了这样一件事，大概是发生在韩国遭秦国攻打，或是随后赵国遭秦国进攻的时期。

> 天下之士合从相聚于赵，而欲攻秦。秦相应侯曰："王勿忧也，请令废之。秦于天下之士非有怨也，相聚而攻秦者，又己欲富贵耳。王见大王之狗，卧者卧，起者起，行者行，止者止，毋相与斗者；投之一骨，轻起相牙者，何则？有争意也。"于是使唐雎载音乐，予之五千金，居武安，高会相与饮，谓邯郸人："谁来取者？"于是其谋者固未可得予也，其可得与者，与之昆弟矣。
>
> "公与秦计功者，不问金之所之，金尽者功多矣。今令人复载五千金随公。"唐雎行，行至武安，散不能三千金，天下之士大相与斗矣。

这是什么时代呢？这是金钱当道的时代。天下的辩士都是些什么人呢？他们中大多数都是没有背景的读书人，而其中的多数是贪财之徒。他们相聚于赵国，本应以赵国为核心一起讨论合纵联盟的事宜，但是他们却没能团结一心。

3. 魏无忌的合纵论——只有援助韩国，魏国才能存活

那么魏国的志士们全都袖手旁观了吗？一旦韩国被攻陷，秦国的下一个目标就是魏国。《战国策·魏策》当中记录了当时看清形势的信陵君魏无忌的对策。信陵君会帮助韩国吗？他主张要马上援助

韩国。通过《史记·魏世家》当中的记录可以知道他的战略。

秦国的猛烈攻击让韩国陷入绝望的边缘，但是魏国反而雪上加霜，也准备攻打韩国，对此魏无忌表示强烈反对。作为范雎的对手，这篇文章如实展示了魏无忌的深谋远虑[1]。魏无忌问魏王："大王现在还相信与秦国的约定吗？"

秦与戎翟同欲，有虎狼之心，贪戾好利无信，不识礼义德行。苟有利焉，不顾亲戚兄弟，若禽兽耳，此天下之所识也，非有所施厚积德也。故太后母也，而以忧死；穰侯舅也，功莫大焉，而竟逐之；两弟无罪，而再夺之国。此于

---

[1] 《史记·魏世家》当中记述了此事。秦昭王取得邢丘之后，想要灭掉魏国，但遭到左右劝谏最终没有付诸行动。并且，齐、楚两国结盟攻打魏国，魏国派使臣紧急前往秦国请求救援。秦国派出援军，为了报恩，魏国答应日后帮助秦国一起攻打楚国，这件事被记录在魏安釐王十一年（前266），即邢丘陷落的那一年。但这实际上是司马迁的失误。这件事其实发生在长平之战之前，即韩国遭秦国大规模进攻之时。接下来，魏无忌的论述本身也明确告诉我们这是长平之战之前的事情。当然范雎的确为了攻打韩国而想要拉拢魏国，秦国也可能援救过魏国，但是公元前266年，魏国并没有打算帮助秦国出兵韩国。首先，作为旁证，《史记·秦本纪》以及《史记·楚世家》《史记·赵世家》当中都没有提到赵、楚当时进攻过魏国。并且，《史记·魏世家》当中提到的韩国使者唐雎所说的，也不过是重复很久之前的韩国使臣张翠求见甘茂的事情。张翠的故事在《战国策·韩策》当中有所记载。大概是同样的事情被错误地穿插到了别的时代。《史记·魏世家》当中所说的魏国想要帮助秦国攻打韩国的事情源自《战国策·魏策》，但是当中只是提到这件事，并没有说明其内幕。从《史记·魏世家》中魏无忌的论述当中就可以明确知道，魏国要帮助秦国攻打韩国之事并不是发生在公元前266年，而是长平之战之前。魏无忌还提到"故太后母也，而以忧死；穰侯舅也，功莫大焉，而竟逐之"，根据《史记·秦本纪》当中的记载，穰侯被赶走是在公元前265年9月，而太后辞世是同年10月。并且后面还说到"今韩受兵三年"，根据《史记·秦本纪》的记载，秦国进攻韩国始于公元前264年，而"关乎韩存亡""通韩上党"等字眼都与长平之战有关，并且由于魏无忌的话当中也没有不符合事实的其他错误，所以这段论述有相当高的可信度。长平之战之前，范雎想要拉拢魏国，但遭到魏无忌的强烈反对。应该是司马迁弄错了年代，所以遗漏了年份。

亲戚若此，而况于仇雠之国乎？今王与秦共伐韩而益近秦
患，臣甚惑之。而王不识则不明，群臣莫以闻则不忠。

如果魏国帮助秦国攻打韩国，那么韩国一定会被灭掉，而韩国
灭亡之后，秦国的下一个目标会是谁呢？魏无忌深谙秦国远交近攻
的策略，秦国近攻的下一个目标就是魏国。

今韩氏以一女子奉一弱主，内有大乱，外交强秦魏之
兵，王以为不亡乎？韩亡，秦有郑地，与大梁邻，王以为
安乎？王欲得故地，今负强秦之亲，王以为利乎？秦非无
事之国也，韩亡之后必将更事，更事必就易与利，就易与
利必不伐楚与赵矣。是何也？夫越山逾河，绝韩上党而攻
强赵，是复阏与之事，秦必不为也。若道河内，倍邺、朝
歌，绝漳滏水，与赵兵决于邯郸之郊，是知伯之祸也，秦
又不敢。伐楚，道沙谷，行三千里而攻冥阨之塞，所行甚远，
所攻甚难，秦又不为也。若道河外，倍大梁，右（蔡左）[上
蔡]、召陵，与楚兵决于陈郊，秦又不敢。故曰秦必不伐楚
与赵矣，又不攻卫与齐矣。夫韩亡之后，兵出之日，非魏
无攻已。

并且，如果韩国灭亡，那么魏国必然无法阻挡秦国的攻势，因
为大梁处于河边。

秦固有怀、茅、邢丘，城垝津以临河内，河内共、汲必危；
有郑地，得垣雍，决荥泽水灌大梁，大梁必亡。

因为一直没能看清潜伏在自己周围的危机，魏国所采取的一切
行动策略都是在瓦解自己的防卫，自毁前路。

王之使者出过而恶安陵氏于秦，秦之欲诛之久矣。秦叶阳、昆阳与舞阳邻，听使者之恶之，随安陵氏而亡之，绕舞阳之北，以东临许，南国必危，国无害（已）[乎]？

魏无忌劝谏魏王："国家政治不能凭个人感情来决断，即使不喜欢安陵氏，也请把他作为国家的屏障以保安全。"

夫憎韩不爱安陵氏可也，夫不患秦之不爱南国非也。异日者，秦在河西晋，国去梁千里，有河山以阑之，有周韩以间之。从林乡军以至于今，秦七攻魏，五入囿中，边城尽拔，文台堕，垂都焚，林木伐，麋鹿尽，而国继以围。又长驱梁北，东至陶卫之郊，北至平监。所亡于秦者，山南山北，河外河内，大县数十，名都数百。秦乃在河西晋，去梁千里，而祸若是矣。又况于使秦无韩，有郑地，无河山而阑之，无周韩而间之，去大梁百里，祸必由此矣[1]。

魏无忌继续说道："之前合纵失败的原因就是因为没能拉拢到韩国，如今韩国处于存亡之际，想必会主动加入合纵联盟。"

异日者，从之不成也，楚、魏疑而韩不可得也。今韩受兵三年，秦桡之以讲，识亡不听，投质于赵，请为天下雁行顿刃，楚、赵必集兵，此何也？[2]皆识秦之欲无穷也，非尽亡天下之国而臣海内，必不休矣。

那么该如何援救韩国呢？倘若要冒险，那么对魏国有什么好处

---

[1] 《战国策·魏策》用"祸必由此矣"来加强语气。

[2] 《史记·魏世家》没有"此何也？"，用《战国策·魏策》加以补充。后面也有类似补充，不再做额外说明。

呢？首先能收复失地，进而能远离秦国。

> 是故臣愿以从事王，王速受楚赵之约，（赵）[而] 挟韩
> 之质以存韩，而求故地，韩必效之。此士民不劳而故地得，
> 其功多于与秦共伐韩，而又与强秦邻之祸也。

这样做，虽然能收复过去的失地，但岂不是会与军事力量强大的秦
国结怨？援救韩国能够弥补这一点的眼前利益吗？对此，魏无忌回答说：
"我们援救韩国，可以保证我们的财政收入。"这真是兼顾了名分与实利
的谋略。

> 夫存韩安魏而利天下，此亦王之天时已。通韩上党于共、
> 宁，使道安成，出入赋之，是魏重质韩以其上党也。今有其赋，
> 足以富国。韩必德魏爱魏重魏畏魏，韩必不敢反魏，是韩
> 则魏之县也。魏得韩以为县卫，大梁、河外必安矣。今不
> 存韩，二周、安陵必危，楚、赵大破，卫、齐甚畏，天下
> 西向而驰秦入朝而为臣不久矣。

魏无忌说："魏国帮助韩国不仅仅只是因为名分。韩国如果灭亡，
秦国的下一个目标就是魏国。魏国并不是平白无故地援救韩国，如
果魏国拯救了韩国，那么作为答谢，魏国可以得到韩国的土地，还
可以要求收取连接韩国都城与上党之间道路的关税，以充实国库。"
然而，魏安釐王还是犹豫不决，最终没有出兵援助韩国。

4. 站在交叉路口的赵国

对于最高统治者来说，无论怎样逃避、怎样拖延，终究还是要

做出某些非做不可的选择。如果没有这样纠结的时刻，统治者的生活大可无虞。无论大臣们内心多么焦灼，做出最后选择的人还是最高统治者，按理说最高统治者要为他所做出选择的结果负责，但现实往往并非如此。与人们传统的观念不同，失利的责任越往下面推卸，后果越严重。企业如果破产，那么遭殃的是劳动者，战争当中战败一方最先丧命的是士兵。所以伟大的统治者们为平衡自己的权力与责任煞费苦心，不会随便下达自己无法承担责任的命令。长平之战中赵孝成王就曾处于这种选择的交叉路口。让我们翻开《战国策·赵策》看看祸患又朝着哪里肆虐而去了。

上党太守靳黈表示要誓死捍卫上党，韩阳急忙赶回都城向韩王报告。韩王说："我已经跟范雎承诺要把上党割让给秦国，如果现在不给那么就是欺骗了秦国。"于是，韩国下令让冯亭代替靳黈接任上党太守，靳黈已经表示要无条件守护上党，那么冯亭将作何打算呢？根据《史记·白起王翦列传》记载，上党太守冯亭与百姓们商议说："郑道（通往韩国都城新郑的道路）已经被截断，国家已经无法照应上党了。我们抵挡不了秦军的进攻，不如归附于赵国，如果赵国接收我们，那么秦国一定会大怒，转而进攻赵国，赵国一旦被卷入战争，势必会与韩国联手，只要韩赵两国联手，那么就能够抵抗秦国。"百姓们都表示赞同。

让我们再回到《战国策·赵策》继续刚才的故事。冯亭守卫了上党三十天后，悄悄派人去见赵王，说："韩国无法守护上党，要把上党割让给秦国，百姓们不愿意归顺秦国，希望能被赵国接纳。只要君王同意，现在上党有七十座邑（《史记》当中记载为十七座城）都愿意臣服于君王脚下。"

上党历来被称作是天下的咽喉，虽然由韩、魏、赵三国分别占领，但韩国控制的位置最为关键。这里为盆地地形，长约两百千米，宽约一百千米，可以算是一个小王国。赵孝成王很是高兴。他叫来平阳君①赵豹说："如今韩国已无法守住上党要将其交给秦国，上党的百姓和官吏不愿意归入秦国，都想要归顺我们赵国，现在冯亭派使臣向寡人请求接受上党，该如何是好呢？"

赵豹回答说："臣听说，圣人认为没有来由的好处是大的灾难。"

赵王又说："别人认为寡人是正义的君主才来投靠，怎么能说是没有来由呢？"

赵王所说的别人认为自己是正义的君主，是指韩国的百姓不投靠秦国，而投靠赵国。赵豹就现实的可能性回答说："秦国蚕食韩国领土，从中间隔断，使南北不得相通，就是想要得到上党。现在韩国把上党送给我国是想要把灾难转嫁给我国。秦国出力反而让我国得利，就算强国从弱国那里什么也没得到，难道弱小的我国还能期望从强大的秦国那里得到什么吗？君王到现在还认为得到上党是有来由的吗？并且，秦国用耕牛耕稻田通水路，以此运送军粮，视死如归的勇士都驻扎在上党，他们军令严苛，政令通达，我们根本不是他们的对手，还请君王三思。"

赵孝成王不高兴了："动用百万之军，耗时数余年，也攻不下一座城池，如今不费一兵一箭就能得到七十座城邑，为什么不要呢？"

赵豹一出去，赵王又把赵胜和赵禹叫来询问道："韩国守不住上党，上党的太守想要归顺于寡人，一共有七十座城邑。"

二人回答说："出兵作战数年也没能攻下一座城，如今能唾手可得七十座城池，这真是相当大的好处。"

于是赵王派平原君前去接收上党。平原君到了上党，宣布道："敝邑君王派使臣胜前来向太守传令，'请以三万户之都封太守，千户封县令，诸吏皆益爵三级，民能相集者，赐家六金。'"

根据《史记·白起王翦列传》记载，冯亭被封为华阳君。但冯

---

① 《战国策·赵策》当中记为平原君，《史记》修正了这一错误。对于《战国策》当中显而易见的错误将参照《史记》进行修正，后面不再一一标识。

亭垂泪低头说道："我有三处不义之举。不能为君主守住土地，反而交给别人，这是一不义；君主命令我把上党交给秦国，我没有遵命，这是二不义；卖掉君主的土地使自己获得食邑，这是三不义。"

他谢绝了赵国的封地，回到韩国禀告韩王说："赵国听说我国不能守住上党，率军夺取了上党。"

韩国把这件事告诉了秦国，说："赵国率军夺取了上党。"

听闻此事，秦昭王大怒，他下令让白起和王龁率军前往长平，与赵国作战，就此，长平之战拉开帷幕。根据《史记·白起王翦列传》记载，公元前261年，秦国攻取了韩国的缑氏和兰地，在韩的都城新郑，如果兵力向北部移动，那么韩国都城就会遭到进攻。但由于秦国已经在都城周围筑起了阵营，所以后方不安定，也很难向北部转移兵力，秦国所有的行动很明显是为了夺取上党。公元前260年，左庶长王龁进攻韩国，夺取了上党，但这是上党百姓逃亡赵国之后的事了。

5. 得不到百姓之心的秦国

让我们先来看看史书当中没有记述的重要部分。正如《史记·白起王翦列传》当中所说，秦国虽然取得了胜利，但是上党的百姓全都逃亡到了赵国，成为赵国的子民。天下人很久之前就已经不愿意成为秦国的百姓了，那么他们为什么不愿意成为秦国的子民呢？可以理解他们的选择。因为战胜国对战败国百姓的待遇和对主动要求归顺百姓的待遇是不同的，这一点从赵国对待韩国上党官吏与百姓的方式就可以看出来。秦国杀死了他们的父亲与兄弟，百姓们自然心怀愤恨。此外，正如当时的评价"三晋虽为各自的利益彼此相斗，但如有外敌侵入，立马就一致对外"所暗示的那样，与其成为风俗完全不同的秦国百姓，不如成为赵国的子民。尽管如此，占韩国人口三分之一以上的上党百姓竟然全部选择了赵国，有必要对这一特殊现象进行深层次的分析。如果归降了秦国，那么就会结束战争，而如果归附赵国，秦国还会再次进攻。难道他们还没有厌倦这已经持续了五年的战乱吗？通过当时秦国人的叙述可以了解他们的想法。

> 缶醢黄，蚋聚之，有酸；徒水则必不可。以狸致鼠，以冰致蝇，虽工，不能。以茹鱼去蝇，蝇愈至，不可禁，以致之之道去之也。桀、纣以去之之道致之也，罚虽重，刑虽严，何益？

秦国虽然是胜利者，但百姓们却纷纷逃离，这大概是因为秦国想要用"冰水"来对待这些来自战败国的百姓吧。而秦国对待本国的百姓也是如此，那些通过战争所占领的土地背后是死伤无数的秦国百姓。被占领地的百姓早已逃走，宁可把家园拱手让给别的国家，这大概是因为他们想要用驱赶的方式来聚集百姓吧。那么百姓到底是什么呢？

> 大寒既致，民暖是利；大热在上，民清是走。故民无常处，见利之聚，无之去。欲为天子，民之所走，不可不察。今之世，至寒矣，至热矣，而民无走者，取则行钧也。欲为天子，所以示民，不可不异也。行不异乱，虽信令，民犹无走。民无走，则王者废矣，暴君幸矣，民绝望矣。故当今之世，有仁人在焉，不可而不此务；有贤士，不可而不此事。
>
> ——《吕氏春秋·仲春纪·功名》

百姓们纷纷逃离，难道要责备他们吗？如果天下处处都一样，恐怕没有人会愿意背井离乡，但是他们却选择逃离自己的家乡。如果不知道寻求百姓的拥护，那么大业就会终结，但是秦国却无法得到百姓的拥护。向来保守的农民都选择了离开，足以说明他们忍受不了秦国的统治。本国的百姓纷纷逃离，反而还指责别国的君主是暴虐之君，这岂不是颠倒黑白？

白起发动战争之后，丧命者不计其数，攻城之后还毫不留情地杀死了五万到十万人。战争结束之后从秦国的形势来看，也能找到百姓们之所以逃离的原因。《吕氏春秋》写于长平之战后，因此其中出现了"反省"一词。

6. 廉颇的持久战——坚持就是胜利

无论如何，当时的情况是上党的百姓投靠赵国，秦昭王决心要夺取上党。然而赵国方面也有名将，身经百战的勇将廉颇率领四十万大军越过太行山，上党还有不少听命于赵国的将士。秦国派出了大将王龁。根据当时的情况，秦国的河东驻屯军会越过山脉进入，这支队伍与赵军对峙，而南部通往长平的道口则被秦国把持，利用这一通道，秦国可以增兵，而赵国的主力军就是廉颇率领的从邯郸越过太行山的军队以及原来隶属于赵国的上党东北部的军队。

双方各有优势和劣势。秦国的优势在于把持了南部通往上党的道口，利用这一通道可以方便地供给物资和人员；秦军的劣势在于远道而来，如果不能迅速结束战斗，可能会遭到诸侯联军的合攻。如果在攻打韩赵两国的过程中，楚国与齐国也出动军队，那么局势可能会被瞬间逆转。赵国则可以一边守卫位于上党的堡垒，一边观察情况。秦国因为要不断把军队带入上党，如果时间太长，那么处于观望状态的其他国家一定会前来参战。

廉颇此人有很强的忍耐力，能够担负持久战的重任。如果齐、魏两国能够参战，重新夺回南边的通道，那么全体秦军都成了瓮中之鉴。如果这样的话，那么秦国就只剩从河东到上党这段路上的这支孤军。届时，赫赫有名的赵国代郡骑兵如果堵截这条通路，那么不仅秦国进攻山东的策略全盘失败，甚至连秦国都可能灭亡。

廉颇屯的廉颇雕像（左） 从廉颇屯向下看到的长平战场（右） 廉颇占据高地，守卫补给路，为持久战做准备。

不过，赵国的劣势也是太行山，除了太行路之外，再没有其他可以运送粮食的道路了，如果这条粮道被切断，那么驻守在上党的军队将会被饿死。历代的持久战归根到底都是保障粮食供给的战争。有趣的是，日后曹操攻打邺时，袁绍的儿子袁尚从上党越过太行山，往东部修了一条粮道，曹操切断了这条路从而获得了胜利。曹操的战术在长平之战中就已体现。综合《史记》当中的各种史料，能够还原当时的战况。

上党的百姓逃往赵国，赵国在长平驻扎军队以保卫上党的百姓。4月，王龁攻打上党，与赵将廉颇的军队相对峙。廉颇已经做好了持久作战的准备，只要死守粮道坚持到底就能获胜，但这并不意味着不与秦军交手。根据《史记·白起王翦列传》记载，赵军先攻击秦国侦察兵，但不敌对方，赵国副将赵茄被秦军斩杀。6月，秦国攻破赵军阵营，夺下两个堡垒，俘虏了四名都尉。7月，赵军高筑围墙，秦军又实施攻坚，抓了两个都尉，夺下四个堡垒。但无论秦军如何挑衅，廉颇都坚守不出，按兵不动。此时，从邯郸来的使臣带着赵孝成王的命令前来催促，赵王责备廉颇一直不与秦军交战。廉颇不是不明白赵王的意思，越过太行路运送军粮的难度之大，丝毫不逊于战争本身。

7. 赵括的纸上谈兵

然而，秦相范雎的内心也同样焦灼，他没有料到事情竟然发展到这种不可收拾的地步。根据他远交近攻的战略，最先灭掉韩国，而后进攻魏国，却没料到把赵国牵扯进来，但既然如此，如果取得上党，与占据的河东合并，就足以威胁到赵国。所以秦国在这里投入了与赵国在上党驻扎的守备军相当的兵力。

秦国军队分为三队，一队牵制韩国的都城，一队在野王城堵截进入上党的后路，一队在长平与赵军相对峙。牵制韩国的部队与堵截太行道的部队都在筑城防守。无论哪一支队伍失守都可能改变战局，所以，廉颇按兵不动，等候时机。秦军在粮道周围筑起高高的壁垒进行防御，但是对于纹丝不动的廉颇，范雎内心无比焦虑。正面出击行不通，那就从暗处出击，这是范雎的拿手好戏。他花重金安排奸细，捏造谣言，污蔑廉颇："秦军只害怕马服君之子当上统帅，廉颇不是他们的对手，最终一定会投降的。"

而廉颇确实在一些小战斗中打了败仗，全国的兵力如今都集中到了上党，如果廉颇投降，那么会发生什么事呢？正好此时赵王对廉颇多次作战失败导致损兵折将，非但不还击反而只会加固阵营的做法甚为不满，如今听了秦国奸细所散布的谣言，就打算让赵括取代廉颇，率军与秦国交战。

与秦军对峙的赵国将士几乎有一百万人，此外，还有差不多人数的上党百姓也都关注着这场战事，这种关键时刻最重要的就是将领的决策，廉颇勇猛有韧性，能忍一时之辱，最重要的是对赵国忠心耿耿。

那么赵括究竟是何许人也，为何能在关系国家存亡的危急时刻取代百战老将廉颇成为将领？《史记·廉颇蔺相如列传》当中有这样一个戏剧性的故事：廉颇在长平与秦军作战时，赵奢已经死了，名臣蔺相如也病入膏肓，只有廉颇能够担负如此重任。但廉颇一直按兵不动，拖延时间，以致谣言四起。范雎指使奸细捏造、散布廉颇要投降的谣言，赵孝成王听信谣言也不禁动摇了。他大概是想起了十年前自己的父亲赵惠文王曾经起用赵奢，在阏与大败秦军的事情，而赵括不仅顶着父亲的旧日荣光，而且也深谙用兵理论。因此，奸细顺势造谣说："秦国只害怕马服君之子当上统帅。"赵孝成王决心撤换统帅。这时，病床上的蔺相如起身劝谏道："大王单凭名声就起用赵括，无异于胶柱鼓瑟。赵括只习得父亲留下来的兵书，但不知道在实战中如何应用。"

蔺相如用了"胶柱鼓瑟"一词，其意为表面上看似了解，但实际上不会应用。但是赵孝成王还是起用了赵括。从他虽与赵豹商议，但是没有听从赵豹不要接收上党的建议，以及蔺相如劝他不要起用赵括，他依旧没有听从的表现来看，赵孝成王是个有些固执己见的人。但是赵括到底能力如何呢？

众所周知，赵奢是让秦国闻风丧胆的名将。有这样的父亲一手调教，若论兵法，无人能敌过赵括，甚至连赵奢与之论辩都论不过，但是赵奢并不欣赏儿子的能言善辩。他的妻子问其缘由，赵奢回答说："战争攸关性命，而括儿却说得太过容易。如果国家不用他那倒也罢了，如果用他为将，他一定会使军队遭受失败。"

由前章所述可知，赵奢重视真才实干，但他的儿子却似乎徒有其表。赵括被任命为统帅出征之前，他的母亲上书赵孝成王说："请大王不要用赵括为将。"

孝成王召见她问道："为什么不能用赵括为将呢？"赵括的母亲回答说："臣妾服侍赵括的父亲时，他正身居将军之位。他亲自供养的人有数十名，交往的人有数百名。大王与宗师赐给他的奖赏，他全部分给各个官吏和士大夫，接到命令后就绝不会过问家事。而如今赵括突然被任命为将军，东向而朝，官吏都不敢抬头看他，大王赏赐的黄金绸缎全部堆在家中，每天出门寻找好的田宅悉数买下。在大王看来，这样的赵括哪里有一点像他的父亲，父子之心如此不同，请大王不要让赵括率军出征。"

跟所有的母亲一样，赵括的母亲也深爱自己的儿子，但是她深知以儿子的气量无法担当如此重任，所以她无论如何都想要救儿子一命，但是孝成王决绝地说："请夫人回去吧，寡人已经决定了。"

赵括的母亲最后请求道："如果大王坚决要派赵括出征，那么如果赵括没能完成任务，还请不要迁罪于我。"

孝成王同意了她的请求，最终还是派赵括前往战场。赵括取代廉颇成为赵军将领。他一上任就马上调整军令，撤换官员，把之前廉颇所做的各项部署都改了。

8. 粮道被截

赵括取代廉颇担任将领的消息马上就传到范雎的耳朵里。秦国一听说赵括当了赵军主帅，马上任命武安君白起为上将军，任命王龁为尉裨将，并且封锁这一消息，对军队下令说："如果有人敢把武安君担任将领的消息传出去，立马斩首。"因为一旦听说由白起领兵，那么赵军很有可能会待在堡垒里不出来。在野战当中与白起率领的军队作战，本身就令人胆寒。

然而，满腔热血的赵括才不会在意敌方将领是谁。他一到驻地就撤换军官，调整战略，率领军队进攻秦军。那么白起会采取什么战略呢？优秀的将领总是利用自己的优势攻击对方的劣势。廉颇深知赵军的劣势是太行路的粮道，所以在粮道周围筑垒守卫，但是赵括却是横冲直撞，也许他也一直渴望获得像父亲那样在阏与与秦军正面交锋大败秦军的那份荣誉。

受到攻击的秦军假装战败逃跑，实际上两军交战最难的战术莫过于蒙骗敌方假装逃跑。因为战争是整体气势的较量，只要一溃逃，那么整个队伍就成了一盘散沙，白起敢用这一招，正从侧面说明了秦军的训练有素。《史记·白起王翦列传》中下面的记载十分重要，需要加以详细分析。

> 秦军详败而走，张二奇兵以劫之。赵军逐胜，追造秦壁。壁坚拒不得入，而秦奇兵二万五千人绝赵军后，又一军五千骑绝赵壁间，赵军分而为二，粮道绝。而秦出轻兵击之。赵战不利，因筑壁坚守，以待救至。

这一部分是说，在蒙骗赵军继续深入之后，秦军一支部队断了赵军的后路，另一支部队逼近赵军阵营，断绝他们之间的联系，又把粮道堵住，把赵军孤立起来。但这里有几处疑点，那天有多少赵军出营进攻秦军阵地？四十万的全班人马肯定不会全体出动，白起让突袭部队切断赵军的后路，赵军为什么不出兵对抗呢？接下来的内容如下：

> 秦王闻赵食道绝，王自之河内，赐民爵各一级，发年十五以上悉诣长平，遮绝赵救及粮食。

故事的脉络大致清晰。秦国的主要部队撤退时，突袭部队就从左右包抄赵军，目的是为了把赵军逼入绝地，同时，白起又派出一支队伍前往赵军阵营围堵那里的剩余兵力，使赵军两支队伍无法会合。当然仅凭五千名突袭部队可能会寡不敌众，所以又马上派步兵前去支援。而被分为两处的赵军也不会坐以待毙，为了会合拼死奋战。但是两支队伍距离太远，一时半会很难合起来，而且留在阵营里的将士人数太少，很可能是在等待援军前来会合。

秦昭王听说粮道被截断，马上召集河内的壮丁堵住了援军和军粮进入的通道。《史记》当中没有提到赵国是如何运用骑兵的，远道而来的秦国善用骑兵，反而赵国没能用好骑兵。如果赵括用兵能够稍微谨慎一些，就能想到在左右安插骑兵，让步兵和辅兵相互配合，一起进攻秦军。在左右安插骑兵的战术在当时西方的波斯和草原部落已经得到普遍应用，经常与匈奴和东胡交手的赵军不可能不知道这一点。根据余下的记录可以推断是主帅的急躁坏了大事。

远离阵营、孤立无援的赵括军将会面临什么命运？其他国家会前来救援吗？援军会越过太行山前来吗？

9. 久等不来的援军，动荡不安的朝政

《战国策·魏策》当中有这样一个故事，长平之战中有人号召援助赵国和秦军作战，理由是什么呢？如果援助赵国，那么赵军就会坚信有人支援，一定会拼死作战的。

> 秦、赵构难而战。谓魏王曰："不如齐、赵而构之秦。王不构赵，赵不以毁构矣；而构之秦，赵必复斗，必重魏；是并制秦、赵之事也。王欲焉而收齐、赵攻荆，欲焉而收荆、赵攻齐，欲王之东长之待之也。"

这个故事不过是《战国策》里无数计策当中的一个。但当时，

并不是什么讲述闲逸故事的时间。韩国遭受秦国进攻时，魏国没有前去援救。但是如今赵国遭难，从形势上看，魏国一定要援救赵国，为什么这样说呢？因为赵国之后，秦国的下一个目标一定是魏国。并且如果魏国出兵，是有胜算的。如今秦国已经入瓮，秦军全部驻扎在上党的山谷，这还不够，秦国还召集黄河以北的百姓前往此地。秦赵两国全都以举国之力投入这场战争。

秦国把军队分散安置到三地。即使秦国率大部队攻破野王城，也没有办法牵制魏国。如果能够打通野王城的围堵，那么赵魏两军就能够包围秦军，而此时，楚国已经答应要来援助赵国。因此，如果帮助赵国战胜秦国，那么从此秦国就再也不足以构成威胁；倘若不援助赵国，赵国战败，那么不久之后，魏国也会动荡不安。而如果毫无作为，只是一心期盼赵国能战胜秦国，那么就是凭借着侥幸心理来治理国家。这样的关键时刻，保持中立毫无意义。那样的话，最先有危险的是谁呢？如果魏国援助赵国，那么秦国就会暂缓上党的攻势，转而攻打魏国。

实际上，魏安釐王没有出兵貌似还有别的原因，他咬住了范雎投下的诱饵。《战国策·魏策》当中有这样的记录。

长平之役，平都君说魏王曰："王胡不为从？"魏王曰："秦许吾以垣雍。"平都君曰："臣以垣雍为空割也。"魏王曰："何谓也？"平都君曰："秦、赵久相持于长平之下而无决。天下合于秦则无赵，合于赵则无秦。秦恐王之变也，故以垣雍饵王也。秦战胜赵，王敢责垣雍之割乎？"王曰："不敢。""秦战不胜赵，王能令韩出垣雍之割乎？"王曰："不能。""臣故曰，垣雍空割也。"魏王曰："善。"

那么魏安釐王采取了怎样的态度呢？他没有表态。可以说魏王在长平之战中表现出来的自私与短视最终害了魏国。平都君批评得没错，以保持中立的条件换取已败落韩国的领地，这种行为无异于盗贼行径，更何况秦国根本不可能把它让给魏国。范雎是什么样的人？后面我们会知道，垣雍最终还是成了秦国的地盘。

那么齐国是如何应对眼前的局势的呢？《史记·田敬仲完世家》当中这样写道：

> （齐）王建立六年[①]，秦攻赵，齐楚救之。秦计曰："齐楚救赵，亲则退兵，不亲遂攻之。"赵无食，请粟于齐，齐不听。周子[②]曰："不如听之以退秦兵，不听则秦兵不却，是秦之计中而齐楚之计过也。且赵之于齐楚，扞蔽也，犹齿之有唇也，唇亡则齿寒。今日亡赵，明日患及齐楚。且救赵之务，宜若奉漏瓮沃焦釜也。大救赵，高义也；却秦兵，显名也。义救亡国，威却强秦之兵，不务为此而务爱粟，为国计者过矣。"

赵国军队在长平被分为两支队伍的情况下，齐国确实很难出手相救。就算运送粮食，该通过哪一条路运送呢？为了断绝赵军的粮食供应，秦昭王已经动员了河内的全部壮丁。但不管秦军数量多么庞大，在河内所动员的壮丁并不是正规军，击破他们运送粮食的防卫并非不可能，但齐国最终没有借给赵军粮食。邻国的灾难总归是隔岸之火。

那么赵国该怎么办呢？仗已经打了，而周边国家却只是观望，没有提供实质性的帮助，如果错过时机，那么赵国败局必定。为此，赵孝成王很是苦恼。《史记·平原君虞卿列传》记载了当时赵国朝堂上的混乱局面。

---

① 《战国策·齐策》没有标明具体的年代，只记为"韩攻赵长平"，实际上是齐王建五年，或是四年。

② 《战国策·齐策》中记为"苏秦"，明显是错误的。

秦赵战于长平，赵不胜，亡一都尉。赵王召楼昌与虞卿①曰："军战不胜，尉复死，寡人使束甲而趋之，何如？"楼昌曰："无益也，不如发重使为媾。"虞卿曰："昌言媾者，以为不媾军必破也。而制媾者在秦。且王之论秦也，欲破赵之军乎，不邪？"王曰："秦不遗余力矣，必且欲破赵军。"虞卿曰："王听臣，发使出重宝以附楚、魏，楚、魏欲得王之重宝，必内吾使。赵使入楚、魏，秦必疑天下之合从，且必恐。如此，则媾乃可为也。"赵王不听，与平阳君为媾，发郑朱入秦。秦内之。赵王召虞卿曰："寡人使平阳君为媾于秦，秦已内郑朱矣，卿以为奚如？"虞卿对曰："王不得媾，军必破矣。天下贺战胜者皆在秦矣。郑朱，贵人也，入秦，秦王与应侯必显重以示天下。楚、魏以赵为媾，必不救王。秦知天下不救王，则媾不可得成也。"

　　由此看来，赵孝成王没有看清秦国与范雎的真实意图。只有有了力量，才有资本讲和，如果没有力量，那么起码要有能够帮助自己的人。范雎早已揣摩透赵孝成王和赵国谋士的心思。其他国家不帮助自己，又不可能与秦国讲和，赵孝成王本该奔赴战场指挥作战才是，但可惜他没能认清眼前的局势。

10. 尸积如山的长平

　　那么此时孤立无援的赵军状况如何呢？让我们看看《史记·白起王翦列传》和《史记·廉颇蔺相如列传》当中是如何记载这段历

---

① 　虞卿，是位善于游说之士。他脚蹬草鞋，肩挂雨伞，远道而来游说赵孝成王。第一次拜见赵孝成王，赵孝成王便赐给他黄金百镒；第二次拜见赵孝成王，就担任了赵国的上卿，所以称他为虞卿。

史的。

9月，赵军已经被围困了四十六天，长时间的饥饿使军队内部已悄悄出现了食人的现象。《吕氏春秋》当中也有相同的内容。被困在狭窄的营垒中等待援军的过程中，他们逐渐失去了人性，沦为禽兽。这四十六天里，赵军虽然也想方设法突围出去，但无奈秦昭王亲自前来坐镇，通过太行山南边的道路不断投入兵力，使赵军无法突破围堵，困在原地动弹不得。之前廉颇之所以坚守阵营按兵不动，正是为了守卫粮道。可粮道失守之后，空等了四十六天更是无法挽回的错误决策。正如吴起所说，将领的责任不仅仅只是上阵杀敌："将领不能只管着旗帜和鼓点，决不能犹豫不决，要能够果断作出正确的决策。"

赵括最终拿出了作战方案，他把军队分为四支，分别攻打秦军阵营，以突破秦军的包围，但是尝试了四五次，都无法突围出去。饥肠辘辘、疲惫不堪的部队怎么能越过如此坚实的壁垒呢？但或许

尸骨坑的人骨　长平大战战场尸骨坑中的人骨，据推测是被秦国俘虏后杀害的赵国将士。

是赵括继承了父亲的勇猛精神，他挑选组建了一支精锐部队，亲自上阵指挥，但不幸最后中箭而死，就此，赵军彻底失败，四十万人的军队投降，他们可都是赵国最精良的将士啊。

白起虽然大获全胜，但还是不能安心，究竟该怎么处置这些俘虏呢？根据《史记·白起王翦列传》的记载，白起说：

前秦已拔上党，上党民不乐为秦而归赵。赵卒反覆。非尽杀之，恐为乱。

背叛秦国、逃到赵国的人是住在上党的韩国百姓，而不是赵国的将士。但是白起的意思是无论韩国人还是赵国人，在上党的人都不能相信。秦军已经来了数十万人，难道没有供养四十万俘虏的粮食吗？他们要把这四十万俘虏送到哪里去呢？

当时的惯例是这样的。先收缴投降士兵的武器装备，解除他们的编制，然后把他们全部流放到别的地方，因为只有这样，他们才不会重新会合，卷土重来；接着再把本国的百姓迁徙到新占领的土地上，通常以给予他们爵位作为条件，或者是把罪犯流放至此。而上党这地方足以安置上百万人，如果按照这样的步骤，那么要耗费很长时间。

范雎本想先灭掉韩国，但没想到半路杀出了一个赵国，虽然最终打败了赵国，但还是需要整顿好上党的事宜。白起趁着上党胜利的势头，已经做好了攻打邯郸的准备，想要一举歼灭赵国。但如果马上攻打邯郸，该怎么安置这些俘虏呢？毕竟没有那么多人力来看管或是转移这庞大的四十万人，并且秦国还要依靠太行路运送军粮，这四十万俘虏无疑都是潜在的威胁，运粮或是秦军有损耗一定会被他们察觉。那么白起是怎么处置的呢？列传当中这样描述当时的情况：

乃挟诈而尽阬杀之，遗其小者二百四十人归赵。前后斩首虏四十五万人。赵人大震。

一次战争，就足足坑杀了四十多万人。秦国侵略军的这次大屠杀在历史上引起了无数的争议。如果不是白起想马上攻破邯郸，那么根本不必作出这样的决定。如果《战国策》或《史记》没有记录下这史无前例的屠杀现场，那么这件事也会被历史长河所淹没。笔者在研究白起在长平之战前在其他地方曾杀死数十万人的史料时，推断这不是在作战中而是在战后处死的，但是却没有确凿的证据，现在这些记录可以说是笔者推断正确的旁证。

从当时的时代主流意识来看，这样的屠杀是断然无法被社会所接受的，就算不抬出儒家或道家的思想，杀死四十万俘虏，掠夺别国土地的行为都是主客颠倒、不合义理的。这些死去俘虏的后代会忘记这份深仇大恨吗？在这本书的最后一章中会讲到，后来的项羽为了能早日进入咸阳，在新安以同样的方式坑杀了秦国俘虏。项羽正是因为这件事结束了自己的政治生命，而白起也会因为这次屠杀结束自己的仕途。

虽然是后事，秦国完成大一统之后，公元前209年，陈胜、吴广起兵叛乱，此时，距长平之战已经过去五十年了。当时的说客蒯彻（蒯通）仅游说了一次，原来属于赵国领土的一个县就背叛秦国，归顺了叛军。可见仇恨可以被埋葬，但不会被遗忘。日本在中国犯下的南京大屠杀罪行，无论过去多少年，很多南京人依旧把日本人视为仇人，更别说是那些遇难者的子孙了，其仇恨之心可想而知。

再回到秦国的战争。《吕氏春秋·孟春纪·贵公》当中这样写道：

昔先圣王之治天下也，必先公。公则天下平矣。平得于公。尝试观于上志，有得天下者众矣，其得之以公，其失之必以偏。凡主之立也，生于公。故《洪范》曰："无偏无党，王道荡荡。无偏无颇，遵王之义。无或作好，遵王之道。无或作恶，遵王之路。"天下，非一人之天下也，天下之天下也。阴阳之和，不长一类；甘露时雨，不私一物；万民之主，不阿一人。

天下非一人的天下，这一想法是当时的知识分子在秦国统一天下之前为制定统一之后的国家体制提出的观点。换句话说，天下不是秦王的天下，而是天下人的天人。秦王如果想要成为万人之主，不仅要爱护秦国百姓，也要爱护那些如今已成为秦国子民的其他国家的百姓。既然如此，怎么能够对已经归降秦国的俘虏下如此惨绝人寰的毒手呢？

无论是统一前还是统一后，秦国的君主都没有落实"公天下"的思想。专制集权的君主很难认同"公天下"的思想。把天下看作是自己私有的贪欲，最终动摇了秦朝的统治根基。这里先暂且不谈以后的事情，来看看战后的情况吧。

11. 范雎白起二人反目

长平之战结束后，赵国处境凄惨。据《战国策·赵策》当中的记载，长平之战战败之后，郑朱作为使者出使秦国，都没能达成和解，无奈赵王亲自前往秦国，留在秦国一段时间之后才与秦国讲和。但笔者认为还不止如此，因为书中没有关于赵孝成王割地的记录，但是赵国损失了四十万大军。在这样大的冲击之下，能保住政权已实属不易，但是赵国已经彻底失去了争夺战国时代霸权地位的资格。那么这四十万大军到底有何作用呢？

首先，因为这次战争的失败，实质性的合纵联盟得以起死回生。楚魏两国虽然一直态度不明朗，但如今已到了关乎自己生死存亡的关键时刻，不得不谋求合作。其次，范雎和白起之间开始出现嫌隙。秦国长平之战的胜利离不开范雎的政治计策和白起的军事谋略。白起想要乘势攻破邯郸，但范雎却寻求稳妥。让我们再去看看《史记·白起王翦列传》当中的内容。

长平之战胜利后，秦国没有停止攻势。公元前259年10月，秦国彻底平定上党。秦军分为两支队伍，一队由王龁率领攻取皮牢，另一队跟随司马梗夺取太原。韩、赵两国十分害怕，派当时有名的说客①带上厚礼前往秦国游说范雎。说客问："武安君（白起）抓了马服君的儿子（赵括）吗？"

范雎回答："是的。"

"那么很快就会包围邯郸了吗？"

"是的。"

"赵国灭亡，秦王就要君临天下了，届时武安君应该会被封为三公。武安君为秦国攻占夺取的城邑有七十多座，南边平定了楚国的鄢、郢及汉中地区，北边俘获了赵括的四十万大军，即使历史上赫赫有名的周公、召公和吕望的功劳也比不过他。如果赵国灭亡，秦王君临天下，那么武安君位居三公是必定无疑的，您能屈居他的下位吗？即使不甘心屈居下位，但到时您也不得不屈从了。"

说客这是在挑拨范雎与白起之间的关系，虽有疑点，但不妨听他说完。说客接着说道："秦军进攻韩国，围击邢丘，围困上党，上党的百姓都反而归附赵国，天下百姓不愿意做秦国的子民已经很久了。如果把赵国灭掉，它的北边土地将落入燕国，东边土地将并入齐国，南边土地将归入韩国、魏国，那么您所得到的百姓就没有多少了。所以不如趁着战争胜利让战败国割让土地，不要再让武安君建立功劳了（故不如因而割之，无以为武安君功也）。"

---

① 《史记》当中说客的名字标注为苏代，《战国策》当中没有标明说客的姓名。苏代主要活跃在燕国和齐国，并且根据时代判断已经过去很久了，应该不是苏代。

听闻此言后，范雎对秦王说："我国的士兵太过劳累，请接受韩、赵两国的割地，与它们讲和，让士兵得以休整。"

据之后的描述来看，秦王听从了范雎的意见，割取了韩国的垣雍和赵国的六座城池，就与它们讲和了。正月（可能是第二年），双方停止交战。白起听说了这一消息，自此与范雎有了隔阂。

那么《史记》当中说客的说辞是否属实呢？《史记·白起王翦列传》虽然是以《战国策·秦策》为蓝本写作的，但是有些部分被多多少少戏剧性地修改了。比如"故不如因而割之，无以为武安君功也"这句话，与《战国策·秦策》当中的原话"故不如因而割之，因以为武安功"正好相反，而笔者认为《战国策·秦策》当中的内容更为真实。

白起的功劳已经很大了，如果割取土地，那么自然也是白起的功劳。范雎本来只打算灭掉韩，并不想与赵国交战，但是攻打韩国期间，赵国突然自己卷了进来，所以他与白起合力在长平大败赵军，但是越过太行山进攻赵国首都邯郸，就要另当别论了。范雎根据自己的远交近攻策略，首先要攻打中原的魏国。长平之战中侥幸用垣雍作诱饵使魏国没有出兵，但是如果攻打赵国首都邯郸，魏国还会坐视不管吗？将垣雍给予魏国的谎言显然已经败露了。一旦魏国参战，那么就很难攻下邯郸。

范雎不是喜欢冒险的人，虽然不知道对于白起斩杀俘虏，范雎是否心怀不满，但是对于白起占领上党之后马上进攻邯郸的举动，范雎大概会认为这是白起个人的私心。这也是正常的想法。范雎会为了个人的好恶，牺牲国家的利益吗？我们无法得知。不过，绝好的机会已经到来了，军队也已暂时得到休整。长平之战中赵国损失了太多的将士，首都俨然成为空城。身心得以恢复的范雎不会错过这次机会的。那么白起还会助他一臂之力吗？但此时白起的内心已经和范雎有了嫌隙。

第 5 章

邯郸的危机和大反击

两方交战，一方若能像田野间的火苗，乘风破敌、一泻千里固然为好。但是一旦迎面也袭来大火，那么再自顾自地横冲直撞，火势瞬间就会消失殆尽。

> 贤主愈大愈惧，愈强愈恐。凡大者，小邻国也；强者，胜其敌也。胜其敌则多怨，小邻国则多患。多患多怨，国虽强大，恶得不惧？恶得不恐？故贤主于安思危，于达思穷，于得思丧。《周书》曰："若临深渊，若履薄冰。"以言慎事也。
>
> ——《吕氏春秋·慎大览·慎大》

君主专制也好，民主主义也罢，无论时代如何变迁，这段话都应该作为领导者所要秉持的准则。能够左右无数人命运的人如果行事不谨慎，那么就是把世人视为玩物。权力怎么能交给这样的人呢？战国后期，秦国通过征伐他国，侵占别国领土，不断扩大自己的版图，作为秦国君主，本不应该遗忘这样的道理。

公元前 259 年，当时的秦国几乎已是万事俱备：有着帝王之风的昭王，神出鬼没的战略家范雎，纵横沙场的勇将白起，能同时在多地作战、纪律严明的军队，连天下的咽喉之地上党也已收入囊中。大江滚滚东去，秦国占据着上游之地，顺流而下很是轻松。而其他国家想要逆流而上，绝非易事。秦国大军翻过太行山向着邯郸进发，战国时代真的要终结了吗？

而另一边，眼睁睁地看着自己国家的土地被别国夺走，作为君主，应该做些什么呢？如果无法举起双手投降，难道不应该卧薪尝胆以待卷土重来、东山再起吗？唐朝杜牧写过这样一首诗：

胜败兵家事不期，
包羞忍耻是男儿。
江东子弟多才俊，
卷土重来未可知。

——《题乌江亭》

这首诗表达了诗人对项羽乌江自刎的惋惜之情。如果把这首诗的江东（长江东部）换成河东（黄河东部），那么指的不就是位于河东的诸侯国吗？秦国准备夺取河北的全部土地。河东地区难道就没有人才吗？迎着强劲的西风，顶着肆虐的尘土，壮志踌躇的英才们正在伺机以待。秦国难道一开始就是强国吗？它最初也不过是个守在河西唯唯诺诺的小国而已。不甘屈服的勇士魏无忌走在队伍的前列，无所畏惧地对强大的秦国予以强烈反击。战国时代，在与秦国的几次交战中，河东的国家也时有胜利，但是持续几年的战争却都以失败收场。如今魏无忌准备扭转这样的战局。他真的能够扼住这股来自西方的寒风，重新迎来东方的盛世吗？又或者还能稍稍再延长一下这个相互残杀、行将没落的战国时代吗？

经历了长平的大屠杀，赵国大势已去，再难恢复元气，但与此同时，反秦合纵联盟的强劲势头来袭了。西风与东风两股势力徘徊在邯郸的上空。让我们跟着本章的主人公信陵君魏无忌，一起赶赴那个腥风血雨的战场吧。

1. 邯郸的君子平原君与锋芒未露的毛遂

长平之战胜利之后，秦国休战一年，但只是为了让疲顿的士兵翻越太行山稍作休整，并没有停止战争。乘着胜利的势头去攻打一个损失了四十万大军的国家可谓是胜券在握，但前提是周边国家不予插手。让我们整合《史记》当中多处的记述来分析当时的情况。

公元前 259 年 9 月，秦国派五大夫王陵率军攻打邯郸，此时，白起因有病在身，无法随同出征。第二年正月，王陵虽然率军攻打了邯郸，但所获寥寥，秦国补充兵力援助王陵。邯郸，这座经历了无数次浩劫的城池，再一次被包围了。然而，邯郸不会轻易被攻破，满腔仇恨的邯郸百姓誓死保卫邯郸城。勇猛善战的秦军虽然对邯郸发动围击，却收效甚微，反而损失了很多兵力。白起的病情稍有好转，秦昭王就命他代替王陵领兵，但白起不情愿，他说："实际上，邯郸很难被攻破。各诸侯国早就对我国心怀怨恨，一定会派援军前来支援。长平之战当中，我军虽挫败敌军，但也损伤过半，深受重创，国内也没有将士把守。我们翻山越岭千里迢迢去入侵别的国家，如果赵国内部团结一心一致对外，外部又有诸侯联军援助的话，里应外合，我军一定会战败，攻下邯郸是不可能的。"

这话里带刺。白起此话难道不是说因为范雎拖延了时机，所以现在已经无法拿下邯郸了吗？他可是攻打楚国郢都的白起啊，攻下邯郸对他来说难道真的不可能吗？邯郸在等待着反攻。一望无际的河北的田野上产出的粮食足够应对三年的战事，凭借丘陵地形，弓箭能够更好地发挥作用，而且攻打邯郸必须要爬上高地，因此要攻破邯郸绝非易事，但既然已经包围了这座城，那么就要死战到底。

秦王虽然亲自下令，但白起没有遵命。随后范雎也亲自去请他出战，白起依旧以身体有恙为借口拒绝。无奈，秦昭王只能派王龁前去接替王陵指挥作战，但是围击了半年多，还是没能攻下，不过邯郸总会有撑不下去失守的一天。秦军能够从上党获取稳定的粮食供给，魏国却因畏惧而不敢轻举妄动。

乱世造英雄。平原君赵胜在国内辅佐赵王，决心与秦军奋战到底，为了寻求援军，他向南出发。赵国先把灵丘封给春申君，换取了他的援助。《史记·平原君虞卿列传》当中记载了平原君所做的努力。

魏国畏惧不前，如今只能指望楚国，平原君去楚国之前，准备从他门下的食客中挑选二十名文武双全的贤士。他对孝成王说："如果能通过客气的谈判说服楚王当然最好不过，但如果谈判行不通，那我一定会在殿堂之上迫使楚王同意缔结合纵联盟再回来。同行的文武之士不必到外面寻找，从我的门下食客当中选取就足够了。"

但是选了十九个人后，就再也无人可选了，没能凑足二十个人。这时门客当中有一位叫毛遂的人上前举荐自己，他说道："我听说公子要去楚国与其确立合纵盟约，需要从门下食客当中挑选二十位有才能的人一同前往，现在还少一个人，我希望公子能够选择我凑足人数一同前去。"

这个自己举荐自己的故事就是成语"毛遂自荐"的来源。

"请问先生寄身于我门下有几年了？"

"已经有三年了。"

"有才能的人生活在世上，就如同把锥子放在口袋里，一定会穿透口袋露出锥尖来。现在先生在我门下整整三年，我左右的近臣没有一个人称赞、举荐过先生，我也从未听说过先生，可见先生没有才能。先生不能同去，请留下来吧。"

"那么我请求今天进入口袋。如果把我放进口袋，那么整个锥子都会显露出来，而不仅仅只是露出锥尖。"

这个人实在是太过自信了。平原君权当被他蒙骗，同意毛遂一同前往。其他的十九个人虽然互使眼色，暗暗嘲笑毛遂，却也没有提出异议。但是在前往楚国的路上，毛遂与这十九个人展开辩论，他们全都甘拜下风，表示佩服。

然而，事情进展得并不顺利。平原君与楚国商谈合纵事宜，陈述利害，从早上一直谈到中午，还是没有达成联盟。当然也能理解楚国的处境，楚国已经被秦国侵占了国土，不得不向东迁移，如此情况之下，如因别国之事再与秦国起冲突，百姓们会同意吗？这时，另外的十九个人请求毛遂说："先生请登堂。"于是毛遂带着剑，登上台阶来到殿堂之上，对平原君说："合纵的利害用两句话就能讲明，从早晨日出开始一直谈到正午，还没有得出结论，是什么原因呢？"

楚考烈王问平原君："这是什么人？"

"这是我的随从家臣。"

楚王对毛遂厉声呵斥道："还不赶紧下去！寡人正在与你的主人谈话，你来干什么？"

毛遂不仅没有卜去，反而握着剑柄向前一步，说道："大王敢呵斥我，不过是依仗贵国人多势众。然而现在我与大王之间只有十步的距离，十步之内大王是依仗不了别人的，大王的性命掌握在我的手中。我的主人就在面前，当着他的面，大王为什么这样呵斥我？我听说商汤曾凭着七十里方圆的土地统治天下，周文王凭着百里大小的土地使天下诸侯臣服，难道是因为他们的士兵多吗？其实是由于他们善于把握形势而奋力发挥自己的威力。如今楚国领土纵横五千里，士兵百万，这是争王称霸所能依仗的资本。凭着楚国的强大，天下谁也不能阻挡住大王的威势。秦国的白起，不过是个毛孩子罢了，他带着几万人的部队，率兵与贵国交战，第一战攻克了鄢城与郢都，第二战烧毁了夷陵，第三战使大王的先祖受到凌辱。这是贵国百世不解的仇恨，连我们赵国人都感到无比羞愧，可是大王却不觉得羞愧。合纵盟约是为了贵国，而不是为了我们赵国。我的主人就在面前，大王为什么这样呵斥我？"

这已经超越了无礼的程度，是彻头彻尾的威胁了，但关乎自己的性命，楚王只好说："寡人同意先生的说法，寡人会以举国之力履行合纵盟约的。"

"这是确定合纵联盟的意思吗？"

"确定了。"

毛遂对楚王的左右近臣说："请把鸡、狗、马的血拿上来。"

毛遂双手捧着铜盘跪着走到楚王面前，说："大王应先歃血，以表示确定合纵联盟，下一个是我的主人，再下一个是我。"

楚、赵两国最终在殿堂上确立了合纵联盟。毛遂左手端着盘子，右手招呼其他十九个人说："请各位也在堂下歃血，各位虽然能力平庸，但是也算完成了任务，这就是托别人的福立了功吧。"

确定合纵联盟之后，平原君回到赵国，说："我不敢再观察识别人才了。我观察识别人才多说上千人，少说也有几百人，自认为不会遗漏天下的贤能之士，现在竟然把毛先生给漏了。毛先生去了楚国一次，就使我国的地位比九鼎大吕的传国之宝还尊贵。毛先生凭着三寸不烂之舌，竟比百万大军的威力还要强大。"

于是把毛遂尊为上等宾客。这就是列传当中记述的内容。

春申君率领楚军前来参战，战争演变为诸侯国之间的战争。根据《史记·楚世家》的记载，景阳被封为将军前来援助赵国，他在战国时代也是凭借军事谋略而赫赫有名的人物。《淮南子·氾论训》当中有"景阳淫酒，被发而御于妇人，威服诸侯"的记述，可见此人非同一般。《战国策·燕策》当中也称他的军事才能与孙膑不相上下。虽然不知道确切时间，但是齐、韩、魏三国联合攻打燕国时，楚国就任命景阳为主帅，率军援救燕国，当时景阳没有援救燕国，反而夺取了魏国的雍丘，把它献给了宋国，三国心怀畏惧，最终解散了军队。不过，由于魏军在西边，齐军在东边，因此切断了楚军的归路。于是景阳打开西边的军营大门，白天车辆往来，晚上则点亮灯火，还派使者前往魏国军营，使齐国对魏国生疑。齐军怀疑与魏国的同盟已经生隙，于是就撤军回国了，见齐军撤兵，魏军也在晚上悄悄撤回了。就这样，天下的高人都齐聚邯郸，与此同时，平原君还不断地向魏国派遣使臣。

不过，邯郸能够撑到援军前来吗？秦国进一步加强了对邯郸的攻势，眼看邯郸城就要被攻破，平原君心急如焚。

然而这乱世之中，又一位英杰脱颖而出。管理邯郸传舍的官吏的儿子李同向平原君劝谏道："您不担心国家灭亡吗？"

平原君回答说："国家灭亡，我就会沦为俘虏，怎么能不担心呢？"

李同说："邯郸的百姓，拿人骨当柴烧，交换孩子当饭吃，可以说危急至极了，可是您的后宫姬妾侍女数以百计，侍女穿着丝绸绣衣，有享用不尽的精致美食，而百姓却粗布短衣难以蔽体，酒渣谷皮吃不饱。百姓困乏，兵器用尽，有的人削尖木头当长矛箭矢，而您的珍宝乐器却毫发无损。假使秦军攻破我国，您还能拥有这些东西吗？假使我国得以保全，您又何愁没有这些东西呢？现在您如果能把夫人以下的人员编到士兵队伍中，分别承担守城劳役，把家里所有的财物全都分发下去供士兵享用，士兵正当危急困苦之际，是很容易感恩戴德听从您的命令的。"

平原君是明白事理的人，他采纳了李同的建议，由此得到了视死如归的三千名士兵。李同率领着这三千大军攻入秦军阵地，击退秦军三十里地，可惜的是，勇士李同却战死沙场。赵国册封他的父亲为李侯。

2. 有骨气的鲁仲连——绝不做秦国的奴仆

在别国与秦国誓死抗争之际，魏国在做什么呢？魏安釐王依旧持乐观态度，没有认识到局势的危急。《史记·鲁仲连邹阳列传》当中记载了一则魏安釐王派使者到赵国访问的故事。

魏安釐王悄悄派客将军新垣衍前往邯郸，通过平原君向赵孝成王转告："秦军之所以急于围攻贵国，是因为以前和齐湣王争夺帝位，最后不了了之。如今齐国国势日益衰落，当今只有秦国能称雄天下，所以秦王这次围城并不是为了侵占邯郸，而是想要重新称帝。贵国如果能诚心诚意尊奉秦昭王为帝，秦王一定很高兴，就会撤兵离去。"

这样的想法未免太过天真，但是平原君闻言却犹豫不决。这时，正好齐国的辩士鲁仲连来赵国游说，他听说这件事，便拜见平原君，问道："您打算要怎么做呢？"

平原君面露难色，说："我如何还能谈论这件事呢？前不久在外损失了四十万大军，如今在内邯郸又被秦军围困，我不能使之退兵。魏王派客将军新垣衍来劝说，让我国尊奉秦昭王为帝，此人现在还在这儿，我如何还能谈论此事呢？"

作为一名政治家，此话是为了掩饰自己的羞愧。鲁仲连委婉地责备说："我本来以为您是天下贤明的公子，今日一见，才知道原来并不是。魏国的新垣衍在哪里，我替您责问他，让他回去。"

于是，在平原君的引见下，鲁仲连见到了新垣衍，但两人见了面，鲁仲连却一语不发，于是新垣衍先发话说："我看留在这座围城中的，都是有求于平原君的人。而今我看先生的尊容，不像是有求于平原君的人，为什么还久留在这围城之中而不离去呢？"

鲁仲连回答说："秦国是个背弃礼仪而只崇尚武力的国家，用强权压迫士卒，像对待奴隶一样奴役百姓。如果让秦王肆无忌惮地称帝，统治天下，那么我鲁仲连宁可跳进东海去死，也不愿意做他的子民。我之所以来见将军，是准备帮助赵国。"

听到鲁仲连说自己不愿意成为杀人如麻、靠强权暴力来维持统治的国家的子民，又见他面色决绝，新垣衍说道："那么先生准备怎么帮助赵国呢？"

鲁仲连胸有成竹地说："我会让魏国和燕国来援助赵国，而齐国和楚国正在帮助赵国。"

新垣衍感到吃惊。魏王之所以派他出使赵国，就是不想援助赵国。他回答说："燕国应该是会听从您的。可若说到魏国，我就是魏国人，您怎么能让魏国也帮助赵国呢？"

鲁仲连回答说："魏国只是还没认识到秦王称帝之后所带来的祸患，如果认识到的话，一定会帮助赵国的。"

以下是两人的大致对话。新垣衍认为弱者不得不侍奉强者，他说："先生没有看到那些奴仆吗？十个奴仆侍奉一个主人，难道是因为力量比不上他，或者是才智赶不上他吗？是因为害怕他啊。"

鲁仲连反问道："您这是说与秦国相比，魏国是秦国的奴仆吗？"

新垣衍承认道："事实就是如此。"

鲁仲连挑衅道："那么我就让秦王把魏王蒸煮剁成肉酱。"

这是什么话？

新垣衍生气地说："先生的话太过分了，您怎么能说出让秦王把魏王蒸煮剁成肉酱的话呢？"

鲁仲连的回答大致如下："我当然可以。我说给您听。从前，九侯、鄂侯、文王是殷纣的三个诸侯。九侯有个女儿长得姣美，把她献给殷纣，殷纣认为她不喜淫荡，就把九侯剁成肉酱。鄂侯刚正不阿，直言进谏，他又把鄂侯杀死做成肉干。文王听到这件事，只是长长地叹息，殷纣又把他囚禁在监牢内一百天，想要他死。为什么和人家同样是称王，最终却落到被剁成肉酱、做成肉干的地步呢？齐湣王前往鲁国时也是没有认清形势，要求享受天子的礼遇，结果鲁国人关闭城门，不让他入境。齐湣王未能进入鲁国，打算前往薛地。将要路过邹国时，正好邹国国君逝世，齐湣王想以天子的身份来安排吊丧的礼仪，邹国的大臣们说：'如果要这样做，我们宁愿用剑自杀，也不会听从。'所以最后齐王也没能进入邹国。邹、鲁两个小国尚且如此。如今，秦国是拥有万辆战车的国家，魏国也是拥有万辆战车的国家。都是万乘大国，以此都能够各自称王，而如今只因为秦国打了一次胜仗，就要拥护秦王称帝，那么三晋的大臣岂不是还不如邹、鲁的奴仆、婢妾了？如果秦国称帝之后还不满足，那么就会更换诸侯国的大臣。他将要罢免他认为不肖的，换上他认为贤能的人；罢免他憎恶的，换上他所喜爱的人。还会把他的女儿和喜欢搬弄是非的女人嫁给各位诸侯做妃姬，让她们住在魏国的宫廷里。如此这般，魏王怎么能够安稳地生活呢？而将军又怎么能够得到宠信呢？"

听到如此辛辣的指责，新垣衍连拜两次谢罪，说："我原以为先生只是平庸之人，今天才知道先生是天下的英才，我会离开赵国，再也不敢谈尊奉秦王为帝的话了。"

秦国将领听说这件事，将军队撤离了五十里，害怕驻扎在邺城的魏国军队会从背后袭击。

楚国的春申君率领军队已经启程，齐国也在暗处施与援助，而韩国在黄河南部与秦军相对峙，以阻断秦国大军的会合。那么本章的主人公魏无忌在做什么呢？通过《史记·魏公子列传》让我们来看看魏无忌有哪些作为。

3. 魏无忌——盗兵符、解包围

魏无忌的姐姐是平原君的夫人。平原君多次派使臣拜见魏安釐王和魏无忌，请求援助赵国。从前面可以看出魏安釐王此人缺乏决断力，在合纵一事上与魏无忌的看法不一致。魏安釐王让晋鄙率领十万大军前去援救赵国。这时，秦昭王派使臣前来警告魏安釐王说："寡人攻下赵国是早晚的事，如果诸侯当中有敢去援救赵国的，那么寡人拿下赵国之后一定会先调兵攻打他。"

魏王很害怕，就派人命晋鄙不要再进军了，把军队留在邺城扎营驻守，名义上是救赵国，实际上是采取两面倒的策略来观望形势的发展。正因为如此，魏王才派新垣衍到邯郸，说服赵国尊奉秦王为帝，以避免战争。当然魏国军队在邺城筑垒也并非毫无意义。因为秦国要依靠漳水运送军粮和物资，而魏国的十万大军就驻扎在漳水对岸，秦军不得不考虑魏军对自己的牵制。

平原君使臣的车子接二连三地来到魏国，责备魏无忌说："我赵胜之所以自愿与公子的姐姐联姻结亲，就是因为公子的道义高尚，能够帮助别人摆脱危难。如今邯郸危在旦夕，就要被迫投降秦国，可是贵国救兵至今不来，这怎么能说公子能够帮助别人摆脱危难呢？再说公子即使不把我赵胜看在眼里，对我投降秦国不予理睬，难道就不可怜你的姐姐吗？"

魏无忌原本就支持合纵联盟，而且又重义气，为赵国的处境而担忧，屡次请求魏王赶快出兵，又让宾客辩士们千方百计地劝说魏王，但魏王由于害怕秦国，始终不肯听从公子的意见。之前魏王也不肯答应帮助韩国的请求。魏无忌估计最终也不能征得魏王同意出兵，就决计不能自己苟活而看着赵国灭亡，于是请来宾客，凑集了战车一百多辆，打算带着宾客赶赴战场同秦军决一死战，与赵国共存亡。他虽生活在战国时代，但是身上却带有春秋时代舍己为人的贵族之风。于是，魏无忌率领宾客奔赴死地。一行人经过大梁的东门时，遇见了侯嬴，魏无忌就把打算同秦军决一死战的情况全都告诉了侯嬴。他说完就准备上路，侯嬴说："请公子尽全力奋战，恕老臣不能随行。"公子走了几里路，心里不痛快，心想："我对待侯生（侯嬴）算是够周到的了，天下无人不晓，如今我将要赴死，可是侯生竟没有一言半语的问候，难道我待他有不周到之处吗？"

于是魏无忌又赶着车子返回去，想质问侯嬴。侯嬴一见公子便笑着说："我知道公子会再回来的。公子礼贤下士，天下闻名。如今有了危难，没有任何计策就想冲进秦军阵营与其拼命，这就好比把一块肥肉扔给了老虎。既然这样的话，还能建立什么功业？还要我们这些宾客干什么呢？公子待我情深意厚，而我却没有为公子送行，因此知道公子会怨恨我而返回来。"

魏无忌连着两次向侯嬴拜礼，问他有何对策。侯嬴就让旁人离开，悄悄对魏无忌说："我听说晋鄙的另一半兵符经常放在魏王的寝宫内，如姬最受魏王宠爱，能自由出入魏王的寝宫，是可以偷出兵符的。我还听说如姬的父亲被人杀死，如姬三年来花重金找人为他报仇雪恨，魏王下面的人都不想为如姬报仇。如姬无法为父报仇，为此曾对公子哭诉，公子派门客斩了那个仇人的头，恭敬地献给如姬。如姬不惜性命愿报答公子的恩情，只是没有效力的机会罢了。公子倘若真的开口请求如姬帮忙，如姬必定答应，那么就能得到兵符，夺了晋鄙的军权，向北进军援救赵国，如果能击退秦军，这相当于是春秋五霸的功业啊。"

作为王族，怎么敢盗取兵符，夺取兵权呢？然而形势紧急，魏无忌听从了侯嬴的计策。如姬果然成功地盗出兵符，交给了魏无忌。魏无忌出发之前，侯嬴说："将帅在外，君命有所不受，抗旨是为了使国家安宁。因此，公子到那里即使两符相合，验明无误，可是晋鄙若仍不交给公子兵权反而要求再请示大王的话，那么事情就危险了。我的朋友屠夫朱亥可以跟公子一起前往，这个人是个大力士。如果晋鄙听从，那是再好不过了；如果他不听从，可以让朱亥击

杀他。"

听闻此言，魏无忌流下了眼泪。

侯嬴见状便问道："公子是害怕死吗？为什么哭呢？"

信陵君回答说："晋鄙是我国勇猛强悍的老将，我去他那里，恐怕他不会听从我的命令，必定要杀死他，我为此感到难过，哪里是因为我怕死呢？"

于是魏无忌去请求朱亥一同前往。朱亥笑着说："我只是个市场上屠杀牲畜的屠夫，可是公子竟多次登门问候我，我之所以不回拜答谢公子，是因为我认为小礼小节没什么用处。如今公子有了难处，这就是我为公子拼死效命的时候了。"

就这样，他与魏无忌一起上路了。魏无忌向侯嬴辞行。侯嬴说："我本应随公子一起去，可是如今年迈不能与公子前去。我会计算公子行程的日期，公子到达晋鄙军中的那一天，我会面朝北方刎颈而死，来表达我为公子送行的一片忠心。"

魏无忌于是带着朱亥上路了。到了邺城，魏无忌拿出兵符，假传魏王命令，代替晋鄙担任将领。晋鄙合了兵符，验证无误，但还是怀疑这件事，就举着手盯着魏无忌问道："如今我统率着十万之众，驻扎在边境上，这是关系到国家命运的重任，而现在公子却只带着一辆车来代替我，这是怎么回事呢？"

他说完就准备拒绝接受命令。这时朱亥取出藏在身上的四十斤重的铁锤，一锤击死了晋鄙，公子于是统领了晋鄙的军队。他整顿部队，向军中士兵下令说："父子都在军队里的，父亲回去；兄弟同在军队里的，长兄回去；没有兄弟的独生子，回去奉养双亲。"

最后选拔了八万将士奔赴前线攻击秦军。而在魏无忌到达邺城军营的那一天，侯嬴果然依照承诺面向北方刎颈而死。以上就是列传当中记载的内容，其情节实在是比武侠小说更为引人入胜。

4. 诸侯联军与秦军的激战——尸横遍野

现在，春申君率领的楚军与魏无忌率领的魏军都已到达赵国。联军果真能击退秦军吗？那年的战争尤为激烈。联军战术灵活，不攻打南部，而是向北攻打秦国东北部的据点新中（今天的河北省巨鹿）。根据《史记·六国年表》记载，韩军也前来支援。当时秦国不仅攻取了韩国的郑地，还要攻打魏国。至此，这场战争演变为赵、楚、韩、魏四国与秦国四对一的激战。

那么联军为何要攻打秦国东北部呢？固然是因为秦军在南部有所防备，但其真实用意难道不是为秦军向西撤退留一条退路吗？景阳和魏无忌可都是善用兵法的高手。如果再次形成包围秦军之势，那么势必要展开一场生死存亡的血战，不如留一处缺口让其撤退，以削弱秦军的斗志。另一个理由是考虑到与齐国的联合，由前面鲁仲连的游说内容可知，齐国已经前来援助赵国。这样的话，东部的齐国就能供应军粮，也可能他们已经得到了齐国的军粮支援了。无论怎么说，秦军还是不够谨慎小心，以致被攻破了包围网的东北部。而一旦解除秦军的包围，诸侯联军会轻易放他们走吗？魏无忌和景阳可没那么单纯，攻打撤退敌人的后方可是兵法的根本之道。

于是，秦国把本国军队迁往汾城（今天的山西省临汾），以备万一，即如果邯郸的包围被攻破，那么就要为反攻联军的追击做好准备。秦国的这次大后退本身就是特例。王龁果然没能抵挡住各方夹攻，不得不解除对邯郸的包围撤逃。解除对邯郸的包围对秦国来说损失巨大。首先，在赵、楚两国军队的合击之下，秦军伤亡惨重，众多士兵逃走；其次，随着赵军出城，两面夹击，秦军更是节节败退，大批士兵投降。

在包围邯郸之前，白起拒绝参战，而范雎身边的人则大举从军，正是他们最先出了问题。曾帮助范雎逃往秦国的郑安平率领两万大军向赵国投降。根据年表记载，王龁和郑安平攻打邯郸受挫，郑安平在赵军围困下投降。另外，把范雎引荐给秦昭王的王稽也率军出征，但是他所率领的部队背弃了他。作为秦王的谒者，王稽哪里懂得什么兵法。《战国策·魏策》当中记载，王稽此人愚钝。王稽率军围攻邯郸，经过十七个月的苦战，依然没能攻破。此时，有一个叫庄的人对王稽说："此时给下级军官一些赏赐为好。"但是王稽拒绝道："我有王命在身，不可以听从别人的话。"庄又说："并非如此。就算是父亲给儿子下的命令，也有要听从和不必听从之分。诸如'赶走尊贵的夫人，卖掉宠爱的小妾'这样的命令当然要听从，而对于'不准想你的妻妾'这样的命令就无须听命。（中略）如今，对您来说，无论和君王多么亲近，也比不上父母子女之间的骨肉亲情，而下级军官虽然身份微贱，但也不会低于守门的老太婆。况且您轻视下属已经很久了。俗话说：'三人成虎，十夫楺椎。众口所移，无翼而飞。'所以我才向您谏言，不如赏赐诸位军官，加以礼遇。"

然而王稽还是没有听从庄的建议，困窘的军官们对王稽日渐不满，最终发动了叛乱。

郑安平带领军队全体投降，而王稽则因为方法不当，导致部下叛乱。对投降的郑安平，赵国予以厚待，并且赏赐了封地。在这种情况下，还怎么能够继续作战呢？无奈之下，王龁宣布全军撤退。《史记·秦本纪》当中没有详细说明秦军从邯郸撤兵的情况，只记载了秦军撤退到汾城之后，又与三晋和楚国的联军苦战了两个月，六千名士兵的首级被砍下，而江面漂浮的联军将士的尸体多达两万人。以前，山东的诸侯联军总是四分五裂，而这一次，在汾城等待并守卫的联军，在两万人战死的情况下，依旧奋战了两个月之久。

秦国的史书上虽然没有记载，但是秦国的伤亡人数想必有过之而无不及，因为他们没能守住汾城，又再次撤退。并且，《史记·秦本纪》当中也记载有"攻汾城，即从唐拔宁新中"。如果不是因为失守，也就不会再次围攻了。根据《史记·赵世家》的记载，乐乘和庆舍攻破了秦国信梁率领的军队，这可谓是全面的大反击。

在这期间，小国燕国的态度在《史记·赵世家》当中也有所体现。邯郸被包围后，武垣的县令傅豹、王容、苏射带领燕国百姓回到燕国，他们应该是归顺赵国的燕国人，看到赵国即将灭亡就打算返回燕国。而燕国也趁着赵国国内的战乱，攻取了昌壮，对于正和秦军决一死战的赵国来说，这是极为痛恨的行为。

事已至此，秦国会放弃山东，撤兵回国吗？懦弱的君王只会迫切地想要守住自己的领土，但秦昭王却不会这么想。战争绝不会在这里结束，秦国会发动更强烈的反击。《史记·秦本纪》当中记载，秦昭王五十一年（前256），秦国夺取韩国的阳城，斩首四万人；夺取赵国二十个县，斩首和俘虏了九万人。因为楚军和魏军已经撤退，所以秦军才有机会反击。虽然秦军解除了对邯郸的包围，撤退了主力部队，但是河东的很多城池很有可能依然把持在秦国手中。

然而，合纵联盟依旧稳固。西周国料到在受到诸侯联军的猛烈攻势后，秦军一定会向西部撤退，抱着侥幸心理，背叛了秦国，与诸侯军会合，但这是误判。秦国立马返回袭击西周国，西周国君主不得不亲自去秦国求和，割让给秦国城邑和三万名百姓。西周可不是像赵国一般的大国。次年，秦国甚至又得到了西周国的城区。

无论如何，赵国得以存活，一等功臣无疑是魏无忌。秦军解除对邯郸的包围撤军后，赵孝成王和平原君亲自到国境来迎接魏无忌。平原君背着箭筒在前面为魏无忌引路，赵王连拜了两次，道谢说：

"自古至今，没有比公子更为贤能的人了。"

虽然受到了如此的礼遇，但魏无忌却无法再回到祖国了。他虽然拯救了赵国，却背叛了自己的祖国和兄长。

5. 虞卿——促使赵国将视线转向东方

沉重的失败给人以教训，经历失败的人也会有所成长。假定我们是战国时代某个国家的君主，果真能容忍失败吗？不是四万将士，而是四十万将士被杀，作为君王难道不应为这样的失败付出代价吗？赵氏王族最终存活下来了，可是如果没有得到教训，那么别说是统治者了，他连人都称不上了。之后赵国将面临更为严峻的形势。至少这一点，赵孝成王看起来是有所醒悟的。

《史记·平原君虞卿列传》当中记载了关于虞卿请求扭转国家外交方向的故事。赵孝成王能接受虞卿的建议也令人惊叹。秦国解除对邯郸的包围之后，为了与其讲和，赵王欲派赵郝献给秦王六座城。接下来的内容是关于邯郸解除包围之后的故事，而不是朝河东进行大反击时的事情。

> 虞卿谓赵王曰："秦之攻王也，倦而归乎？王以其力尚能进，爱王而弗攻乎？"王曰："秦之攻我也，不遗余力矣，必以倦而归也。"虞卿曰："秦以其力攻其所不能取，倦而归，王又以其力之所不能取以送之，是助秦自攻也。来年秦复攻王，王无救矣。"王以虞卿之言告赵郝。赵郝曰："虞卿诚能尽秦力之所至乎？诚知秦力之所不能进，此弹丸之地弗予，令秦来年复攻王，王得无割其内而媾乎？"王曰："请听子割矣，子能必使来年秦之不复攻我乎？"赵郝对曰："此非臣之所敢任也。他日三晋之交于秦，相善也。今秦善韩、

魏而攻王，王之所以事秦必不如韩、魏也。今臣为足下解
负亲之攻，开关通币，齐交韩、魏，至来年而王独取攻于秦，
此王之所以事秦必在韩、魏之后也。此非臣之所敢任也。"

此话极大地伤害了赵王的自尊心，但他不能再让国家陷入战乱。
赵孝成王将赵郝的话告知虞卿，虞卿这样回答道：

　　郝言"不媾，来年秦复攻王，王得无割其内而媾乎"。
今媾，郝又以不能必秦之不复攻也。今虽割六城，何益！
来年复攻，又割其力之所不能取而媾，此自尽之术也，不
如无媾。

此为"自尽之术"的指责让人痛入骨髓，但难道能与秦国再交
战吗？虞卿称他有对策，他要彻底改变外交方向。

　　秦虽善攻，不能取六县；赵虽不能守，终不失六城。秦
倦而归，兵必罢。我以六城收天下以攻罢秦，是我失之于
天下而取偿于秦也。吾国尚利，孰与坐而割地，自弱以强
秦哉？今郝曰"秦善韩、魏而攻赵者，必王之事秦不如韩、
魏也"，是使王岁以六城事秦也，即坐而城尽。来年秦复求
割地，王将与之乎？弗与，是弃前功而挑秦祸也；与之，则
无地而给之。语曰"强者善攻，弱者不能守"。今坐而听秦，
秦兵不弊而多得地，是强秦而弱赵也。以益强之秦而割愈
弱之赵，其计故不止矣。且王之地有尽而秦之求无已，以
有尽之地而给无已之求，其势必无赵矣。

虞卿的话可谓一针见血，但是赵王依然心存畏惧。就像秦国把
韩国作为箭靶一样，当秦也把赵国视为箭靶之时，各位诸侯又能帮

到什么地步呢？赵王还是拿不定主意；这时，正巧楼缓从秦国归来，赵王便问楼缓："给秦国土地好呢，还是不给好呢？"楼缓推辞说："这不是臣所能知道的。"

以下将列传当中的内容作以简略摘要。

赵王又问："虽说如此，请试着谈谈你个人的意见。"

楼缓担心自己现在说的话会被别人认为是亲秦派，停了一会儿才说道："我刚从秦国回来，如果说'不给'，那不是上策，而如果说'给'，恐怕大王会认为我是在为秦国谋利。所以我不敢回答。如果要臣为了大王而提出对策的话，那么我认为不如给秦国好。"

赵王回答说："好。"

虞卿听到这件事，入宫拜见赵王，说："楼缓的话不过是虚伪的说辞，大王千万不要给秦国六座城！"

楼缓听说了，就去拜见赵王。赵王把虞卿的话告诉了楼缓。

楼缓说："并非如此。虞卿知其一，不知其二。如果秦、赵两国结下怨仇彼此相斗，那么天下诸侯都会窃喜，这是为什么呢？他们会说'我们也借强国来欺弱国'。如今我国军队被秦国围困，祝贺战争胜利的天下诸侯的使臣必定都在秦国了。所以不如赶快割让土地讲和，使天下诸侯怀疑秦、赵已经交好，从而抚慰秦国。不然的话，天下诸侯将借着秦国对我国的愤怒，趁着我国疲困，瓜分我国。我国都要灭亡了，还图谋秦国什么呢？所以说'虞卿知其一，不知其二'。我希望大王就此决定，不要再讨论了。"

虞卿听到这话后，又去拜见赵王，说："危险了，楼缓就是为秦国谋利的，这只是越发让天下诸侯怀疑我们了，又怎么能抚慰秦国呢？他为什么偏偏不说这么做就是向天下诸侯昭示我国软弱可欺呢？再说我所主张不给秦国土地，并不是说坚决不给土地。秦国向大王索取六座城，那么大王就把这六座城作为贿赂送给齐国。齐国是秦国的死对头，得到大王的六座城，就可以与我们合力向西攻打秦国，齐王倾听大王的计谋，不用等话说完就会同意。这样，大王虽然因为齐国失去六座城，但能从秦国得到补偿。这样一来，齐、赵两国对秦国的深仇大恨都可以报了，而且又向天下诸侯显示我国是有能力的。大王把齐、赵两国结盟的事声扬出去，不等我们的军队到边境查看，就会看到秦国反倒会带着贵重财礼到我国来向大王求和了。一旦跟秦王讲和，韩、魏两国听到消息，必定全心全意敬重大王；既然要敬重大王，就必定会争相拿出珍贵的宝物向大王致意。这样，大王的一个举动就可以与韩、魏、齐三国结交亲善，逆转对秦国的不利局势。"

赵王听后说："好极了。"

于是赵王派虞卿去拜见齐王，与齐王商议攻打秦国的问题。虞卿还没返回齐国，秦国的使臣已经到达赵国了。楼缓得知这个消息，立即逃跑了。于是，赵王把一座城封给了虞卿。

笔者认为正是由于这次的游说，赵国才能实现大反击。赵国如果不反击，那么怎么对得起千里迢迢拼死前来帮助赵国的楚军和魏军呢？如此一来，秦国的远交近攻战略在山东众多英雄豪杰的夹攻之下未能如愿，秦国暂时收敛了。

这场悲惨的战争中究竟死了多少人，我们不得而知。从郑安平率领两万人投降赵国来看，秦国最少损失了数万名将士。当然不仅只有死于战场的那些人。如此，威风凛凛、不可一世的秦国战败了，总有人要为这场大战的失败付出代价的。

6. 战败的后果——双龙的一同陨落

在杜邮自刎而死的战神

首先，拒绝参战的白起将面临何种命运呢？根据《史记·白起王翦列传》记载，白起听说秦军没能攻取邯郸，讥讽道："大王不听我的建议，现在怎么样了？"

秦昭王听到此言，怒火中烧，强令白起赴任，白起称病情严重，拒绝受命。范雎又去请他，他仍是辞不赴任。于是秦王免去白起的官爵，降为士卒，让他离开咸阳迁到阴密。然而，白起有病，未能成行。过了三个月，诸侯联军攻击秦军，秦军屡次退却，报告战败情况的使者每日有之。秦王就派人驱逐白起，不让他留在咸阳城里。白起从咸阳城西门出发，走了十里路，到了杜邮。秦昭王与范雎及群臣议论说："虽然令白起迁出咸阳，但他心里仍然不服气，会有怨言。"秦王就派遣使者赐给白起一把剑，命令他自刎。白起拿起剑抵着脖子，仰天长叹道："我对上天有什么罪过，竟落得这般田地？"

过了一会儿，他又自语说："我的确该死。长平之战，赵国士兵投降的有几十万人，我欺骗了他们，把他们全都活埋了，这足够死罪了。"

笔者认为白起的死是罪有应得。如果不用他一个人的死来告慰四十多万的冤魂，那么我们还能对历史抱有希望吗？

白起虽被批判，但是他对秦国却算是鞠躬尽瘁。并且由于他无罪而死，所以秦国百姓都很同情他，乡邑都祭奠他。在人生的最后一刻，对长平的四十多万亡魂，白起所流露的忏悔之情，令人稍有安慰。

范雎结局仍是谜

下一个该轮到范雎了。他的近臣王稽被处以死刑，范雎也是坐立难安。让我们再通过他的列传，看看战败之后，其命运将何去何从。

范雎派自己的亲信郑安平赴赴前线，但郑安平的部队被赵军包围，无奈之下，郑安平率领两万士卒归降赵国。于是，推举他的范雎请求削职降罪。当时秦国的法律规定，如果被举荐的人犯了罪，那么举荐人也要一同受罚。根据秦法，范雎要受到灭三族的惩罚。然而，秦昭王担心这样会伤了范雎的心，就对全国下令说："如果有人再敢提起郑安平的事，那么就与郑安平同罪。"并且每日赏赐范雎食物和物品以安抚他。根据列传接下来的内容，就算范雎的亲信犯罪，他也不会受到牵连，因为他把权力移交给了一个叫蔡泽的燕国人。

但是《战国策·秦策》当中却是完全不同的记录。遭到诸侯联军反击之后，范雎失去了自己在韩的封地汝南。秦昭王问他："您失去了自己的封地伤心吗？"

范雎回答说："臣不伤心。"

秦昭王又问："为什么呢？"

范雎回答说："梁国有一个叫东门吴的人，他的儿子虽然死了，可是他却不感到难过，于是他的管家就问他：'天下没有像您那样疼爱自己孩子的人了，现在儿子死了，您为什么不难过呢？'东门吴回答说：'我当初没有儿子，没有儿子时并不难过；现在儿子死了，就跟当初没有儿子是一样的，我为什么要难过？'既然如此，臣又有什么好难过的呢？臣虽也失去了孩子，但臣不感到难过①。如今臣失去封地汝南，就像东门吴失去了儿子一样，为什么要难过呢？"

这个回答是经过反复思量后做出的。秦国战败，完成大业眼看遥遥无期，此时，如果说不舍得自己的封地，显然是有风险的。然而，秦昭王不信范雎说的话。他对将军蒙骜说："如果寡人有一座城池被敌人围困，寡人就会愁得寝食不安，可是范雎丢了自己的封地，却说一点都不难过，他心里真的是这么想的吗？"

蒙骜回答说："让我去了解一下，到底是怎么回事！"

于是，蒙骜就去拜会范雎，说道："我想要自杀！"

范雎很惊讶："这是什么话呢？"

蒙骜回答说："大王拜您为师，全天下的人都知道这件事，更别说秦国内部的人了。现在我成为率领大王军队的将军，眼看弱小的

①　原文是"臣亦尝为子，为子时无忧"，此处"为"应为"无"。

韩国竟敢违逆我国夺走了您的封土，我还有什么脸活着？还不如死了好！"

范雎赶紧向蒙骜答谢说："我愿意把事情托付给您！"

此话是要蒙骜帮他夺回封地。于是蒙骜就把范雎的话回奏了秦昭王。从此以后，每当范雎谈论起有关韩国之事，秦昭王都不听从，因为他认为范雎是在为夺回汝南而谋划。从《韩非子》中有"应侯攻韩八年，成其汝南之封。自是以来，诸用秦者，皆应、穰之类也。故战胜，则大臣尊；益地，则私封立"来看，范雎也是有私心的。

失败的苗头还在于人。让我们再通过列传回顾以前的情景。

范雎当上了宰相，王稽对他说："不可预知的事有三件，毫无办法的事也有三件。第一件不可预知的事是不知大王哪一天突然驾崩；第二件不可预知的事是不知您哪一天突然离世；第三件不可预知的事是不知我哪一天突然死去。如果大王哪一天驾崩，您即使因为我没有得到君王的重用而感到遗憾，那是毫无办法的。如果您突然死去了，您即使因为未曾报答我而感到遗憾，也是毫无办法的。如果我突然死去了，您即使因为不曾及时举荐我而感到悔恨，也是毫无办法的。"

范雎听了闷闷不乐，但还是入宫向秦昭王进言说："不是王稽对国家的忠诚，就不能把我带进函谷关；不是大王的贤能圣明，就不能使我如此尊贵。如今我的官位做到了宰相，爵位已经封到列侯，可是王稽还仅是个谒者，这该不是他带我进关的意图吧。"

秦昭王便召见了王稽，任命他做河东郡郡守，并且允许他三年之内可以不向朝廷汇报郡内的具体情况。秦昭王还任命郑安平为将军。他们都因为范雎的举荐而仕途亨迪，但因为二人没有军事谋略，无力抗敌，最终连累了范雎。

再来看看秦军从邯郸撤退回来，又发生了怎样的故事吧。野王城的战事不利，秦昭王在朝堂之上忧心叹气，范雎更是不安地说道："臣听说'君主忧心是臣的耻辱，君主受辱是臣的死罪'。现在大王在朝堂上如此忧心，都是臣的罪过，请大王治罪。"

秦昭王说："寡人听说楚国的铁剑锋利，但歌舞演技拙劣。凡是一个国家的铁剑锋利，那么它的将士就勇猛；而一个国家的歌舞演技拙劣，那么国君的谋略必定深远。心怀深远的谋略而指挥勇猛的将士，寡人担心楚国要打我们秦国的主意。事情不早做准备，就无法应付突发的变故。如今武安君已经死去，而郑安平等人叛变了，国内没有能征善战的大将，而国外敌对国家却又很多，寡人因此忧虑。"

秦昭王说这番话是为了鼓励范雎，激发其斗志，而范雎听了却更为害怕，无地自容。蔡泽得知这种情况，便来到秦国。蔡泽是燕国人，跟范雎一样周游列国拜见各国国君。在来秦国之前，他的游说虽没有成功，但他似乎不急不躁。那么，他凭什么敢挑战范雎的权威呢？

有这样一个与他相关的故事。

蔡泽找到一位很有名的相士唐举问："您看我的面相如何呢？"

唐举仔细地端详了他一番，笑着说："先生是朝天鼻、端肩膀、凸额头、塌鼻梁、罗圈腿。我听说圣人不在意貌相，大概说的就是先生吧？"

相士是嘲讽他相貌如此丑陋，还看什么相。蔡泽知道唐举是在嘲讽自己的长相，就诡谲地说："（有没有）富贵那是我生来带的，我所不知道的是寿命的长短，所以想来问问先生。"

唐举说："先生的寿命，从今以后还有四十三年。"

蔡泽笑着表示感谢便离开了，随后对他的车夫说："我端着米饭吃肥肉，赶着马车飞奔，怀抱黄金大印，腰系紫色丝带，在人主面前备受尊重，享受荣华富贵，四十三年该满足了。"

大体上，蔡泽就是这样一个人。他去了赵国和魏国，但是被赶了出来，几乎身无分文。他听说范雎举荐的郑安平和王稽犯下大罪，范雎内心很是不安，就果断地来到秦国。他准备去拜见秦昭王，为此先散布了一些对自己的溢美之词以激怒范雎。他扬言说："燕国来的宾客蔡泽，实为天下英才，见识超群，能言善辩。他只要一见秦王，秦王必定会让范雎陷于窘境，剥夺他的权位。”

范雎听完这些话说：“五帝三代的事理，诸子百家的学说，我是都通晓的，许多人的巧言雄辩，都被我一一击退，蔡泽怎么能使我陷入窘境而夺取我的权位呢？”

于是范雎就派人去召蔡泽来见。

蔡泽应邀前来，向范雎作了个揖。范雎本来就因为蔡泽说的话而心里不痛快，如今见了蔡泽，见他又如此傲慢，就斥责他说：“你曾扬言要取代我做秦相，可曾有这件事吗？”

蔡泽回答说：“有的。”

范雎又说：“让我听听你的说法。”

蔡泽说：“您认识问题怎么这么迟钝啊！一年之中春、夏、秋、冬四季更替，各自完成了使命就自行退去。人的身体各个部分都很健壮，手脚灵活，耳聪目明，心神聪慧，这难道不是我们这些君子的愿望吗？”

范雎回答道：“是的。”

蔡泽又说：“以仁为本、坚守正义、推行正道、广施恩德，在天下实现自己的志向，让天下人拥护爱戴而尊敬仰慕他，都希望让他做君主，这难道不是能言善辩、聪慧贤明之士所期望的吗？”

范雎说：“是的。”

于是蔡泽就委婉地暗示范雎已经到了该让位的时候了。他的意思大致如下：“既然已经享尽了荣华富贵，累积了传世美名，那么现在不就应该保全自身，守护自己创造的功业吗？”

接着他又列举了商鞅、吴起、文种三人虽然鞠躬尽瘁，但到头来却没能善终的例子。

蔡泽说：“您真的认为商鞅、吴起、文种是值得被标榜的典范吗？”

范雎是什么人，他早已识破了蔡泽的用意，便回应说：“为什么不是呢？（中略）这三位先生看重义礼，极尽忠节。所谓的君子，就是坚守义礼，临危不惧，置生死于度外，宁愿光荣赴死，也不愿苟且偷生。士人本就是用自己的性命来成就名声的，只要是为了大义，即使死了也没有什么遗憾的。为什么不能把他们视为典范呢？"

然而，蔡泽却主张比起他们，那些活着建功立业、名声远扬的人更值得效仿。他说："商鞅、吴起、文种作为臣子，他们的所作所为是正确的；他们的国君却不是如此。所以世人说这三位先生建立了功绩却不得好报，难道是敬仰他们不幸而无辜死去吗？如果只有用死才可以树立忠诚的美名，那么在世时就受世人景仰的微子就不能被称为仁人，孔子就不能被称为圣人，管仲也不能被称为伟人了。人们要建功立业，难道不期望功成人在吗？自身性命与功业名声都能保全的，这是上等；功成名就而自身性命不能保全的，这是次等；名声被人诟辱而只保全了自身性命的，这是下等。"

又经过了长时间的辩论，蔡泽最后说道："《易经》上说'龙飞得过高，达到顶点既不能上升又不能下降，因而后悔'，这句话说的就是能上不能下，能伸不能屈，能往不能自返，请您仔细考虑这个问题！"

范雎对蔡泽的话表示赞同，回答道："好的。我听说：'有所求而不知道满足，就会失去所期望的东西；拥有而不知节制，就会丧失所拥有的。'承蒙先生教导，我恭听从命。"

随后，范雎马上就把蔡泽举荐给了秦昭王。秦昭王把蔡泽奉为客卿，范雎返还相印，请求卸任，秦昭王强烈挽留，但范雎还是称自己有病在身，最终离任。

以上就是列传当中的内容。范雎就这样自己辞去了宰相之位。蔡泽后来还作为使臣前往燕国，可见是他取代了范雎，成了秦国的宰相。

然而，睡虎地秦墓竹简当中的纪年部分有一则记载甚为特别。

昭王五十二年，王稽张禄死。

众所周知，范雎改名为张禄前往秦国。这个张禄分明就是范雎，那么范雎怎么会与王稽死于同年（前255）呢？将王稽和张禄放在一起，不得不让人怀疑范雎不是因衰老疾病而死，而是死于非命。遗憾的是，史书当中再也没有出现他的身影。无论他是受牵连而被处死，还是得以善终，邯郸一战失败之后，范雎的政治影响力就已经到了尽头。至于他究竟是衰老病死的，还是失踪了，在找到更多的史料之前，我们只能保留意见。

无论善恶、好恶，不管别人怎么说，范雎都是难得一见的战略家。凭借三寸不烂之舌驱逐穰侯魏冉，极大地巩固了王权；通过"远交近攻"的战略使韩国成了秦国的附属国；用巧计赢得了长平之战的胜利，还差点使赵国灭亡；果断下令攻打西周国，显示秦国的狠辣。他虽然死了，但是日后的秦国依然按照他所提出的战略方针继续向东进发。后来能媲美范雎的战略家，也是帮助秦国完成统一的李斯，评价范雎的功业说："昭王得范雎，废穰侯，逐华阳，强公室，杜私门，蚕食诸侯，使秦成帝业。"

7. 机会主义者的挑战——燕国入侵赵国

前面讲到，燕国和齐国展开了一次对决，最后燕将乐毅大败齐国，使齐国近乎灭亡。燕国虽然居于东北部的一个角落，但是中原地区一旦有变，它总是会趁机谋利，不过每一次都没能如愿。难道是因为相比于久经沙场的中原国家，燕国的斗志不足吗？苏秦曾对齐王谏言说："不要成为天下的箭靶，晚一些出手以求一次压制敌人。"然而，也有晚一些出手反而成为众矢之的的情况。长平之战，赵国战败，邯郸被围，天下所有诸侯都前来援救赵国，而燕国却在背后虎视眈眈。秦国被击退了，燕国还能安稳吗？虽然登场在后，但反而成了箭靶。好不容易克服危难的平原君对燕国怀恨在心。

《战国策·赵策》当中记载了这件事。秦军对邯郸的包围被解除之后，平原君对冯忌说："我想要向北进发征伐上党，再率军进攻燕国怎么样？"

冯忌坚决反对："不行。秦将武安君白起携七次战胜我国的威势，和马服君之子赵括于长平交战，大败我军，又用他剩余的兵力包围了邯郸城。我国虽然只是召集余下的部队，以及分散的残兵败将守卫着邯郸城，然而邯郸城下的秦军却一直无法攻破城门，这除了因为秦军疲惫不堪外，还因为攻城困难，防守容易。如今我国不仅没有七胜的威势，燕国也没经历长平之战这样的祸患，而且我国七败的祸患还没有消散，就想要用疲倦的军队去攻打强大的燕国，这无异于让疲弱的赵国去攻打强秦，而让强大的燕国去防备疲弱的赵国。强大的秦国用休整的士兵趁着我军疲惫突然打过来，这就是强大的吴国之所以灭亡，而弱小的越国之所以称霸的原因。所以臣认为没有理由攻打燕国。"

听了冯忌的话，平原君放弃了攻打燕国的计划。然而，赵国击退了强大的秦国，在其他诸侯国纷纷援助赵国的局势下，燕国反而趁机入侵赵国，难道燕国不应该对此谢罪吗？当然为了日后两国的亲善和睦，就算不谢罪，起码也要表示歉意吧。因此燕国的宰相来到了赵国。《史记·燕召公世家》之中记载了此事。

公元前251年，燕王派丞相栗腹带上五百镒黄金到赵国，为赵王置酒祝寿。燕国之意不言而喻，虽然之前赵国遇难时，燕国曾趁机入侵赵国，但希望日后两国能够和平共处。然而栗腹完成出使任务，返回燕国，却向燕王提出了很是荒诞的建议。

他说："赵国的壮丁全都战死于长平，而小孩尚未长大，可以攻打他们。"

出使赵国的使节嘴上说着两国亲善往来，心里却想着要入侵赵国。听了栗腹的建议，燕王一时心动，他叫来昌国君乐间询问此事。

乐间表示反对，说："赵国可是征战四方、久经沙场的国家，赵国百姓也熟悉军事，不可以攻打他们。"

但燕王一意孤行，说道："寡人准备动员大部队去攻打少数的敌人，用我方的两个士兵打敌方的一个士兵，难道还打不过吗？"

乐间回答道："打不过。"

燕王不死心，又问道："五个打一个还不可以吗？"

乐间坚持说："还是不可以。"

燕王大怒。其他臣下全都说可以，大概是看到君主恼怒而不得不这样说吧。那么乐间为什么说五对一都打不赢呢？他的父亲乐毅不也曾战胜过强大的齐国吗？燕王最终还是派出大部队朝着赵国进发了。燕国出动两支部队和两千辆战车，栗腹率军攻打鄗地，卿秦率军进攻代地，攻打鄗地的军队应该是主力部队。之所以将军队一分为二是为了在攻打邯郸时，让处于代地的赵国军队无法赶来救援。

对燕王发起的这次入侵行动，大臣们纷纷附和，表示赞同，但是除了乐间，还有一个人竭力反对，那就是大夫将渠。将渠说："与别的国家互通关卡，约定亲善共处，献出五百镒黄金，还为它的国君祝酒，而使者回来反而提出荒诞的建议，要进攻人家，这不吉利，我军不会成功的。"乐间认为燕国无法获胜的原因也在于此。

燕王一意孤行，自己整编军队随军出行。将渠拼死拉住燕王腰间系印的带子阻止他，祈求道："大王一定不要亲自前去，去了也不会成功的！"燕王用脚把他踢开了。

将渠哭着说："我不是为了自己，我是为了大王啊！"

就这样，燕赵两国开战。虽然之前夸口说要用五个打一个，但是燕军估计只有几十万人，更何况赵国还有名将廉颇。而且因为赵国与魏国已结为牢固的同盟，所以不用担心后方，能够大胆正面迎战。廉颇率军进入鄗地，与栗腹率领的部队交战，廉颇的军队可是征战多年的精兵，他们以少胜多，打败了栗腹。乐乘也在代地打败了卿秦，俘虏了卿秦。燕国的乐间好像也参与了作战。《史记·赵世家》当中说乐间成了俘虏，但是《史记·燕召公世家》和《史记·乐毅列传》之中则说他逃亡赵国。无论如何，燕军在两地全都败亡。

廉颇杀死了栗腹，接着向北追击燕军五百多里，包围了燕国的都城。这场战争也是一场持久战。根据《史记·赵世家》的记载，公元前250年，廉颇包围了燕国都城；公元前249年，乐乘继续围攻。公元前248年，魏国也出兵帮助赵国攻打燕国。

无奈之下，燕国拿出五座城池和许多财物与赵国议和，但是赵国依旧没有停止攻击。赵国已经围攻多年，而且战争是由燕国挑起的，就算赵国要灭掉燕国，燕国也无话可说。同时，由于魏国前来帮助赵国，赵国也不会放弃攻打燕国。就在燕国被孤立之际，秦国介入了。秦国入侵太原附近的榆次，足足夺取了三十七座城邑，赵国无暇继续攻打燕国，转而率军朝西部进发。燕国这才存活下来。

燕王没有料到会战败。他没有料到刚从灭国危机当中缓过来的国家，它的君主和子民竟然有如此大的力量，燕国失败源于此。赵孝成王因为不信任廉颇，导致长平之战失败，酿成大祸，但他可不是会在同一个地方跌倒两次的庸君。

《战国策·赵策》中有这样一个故事。赵孝成王在多个边境据点新任命了将领。邯郸被围之后，他有所反省吗？

齐国人李伯拜见赵孝成王，赵王对他很满意，任命他为代地的太守。不久之后，赵王用膳时，有人拜见他说："李伯要谋逆。"赵王沉默不语继续用膳，过了一会儿，又有一人来报，说了同样的话，赵王仍然继续用膳。又过了一会儿，李伯的使者前来，对赵王传达李伯的话说："齐国准备率军攻打燕国，我担心齐国攻打燕国只是借口，恐怕会袭击我们赵国，所以出兵戒备。如果燕国和齐国交战，那么我想要趁他们疲惫之时进攻。"

后来，在边境上办事的官吏再也不担心会被国君怀疑。虽然战国时代不重道义，但是对于燕国竟然连战争中失去双亲的孤儿都不放过的行为，各国都极为愤慨。因此，为了对抗秦国，三晋又团结在一起，赵国也因此能够对抗秦国。不过，燕国如果灭亡的话，战国时代的版图肯定会有所变动，秦国也绝对不会袖手旁观。

8. 英雄们的后传——老兵永不死，只是渐凋零

之后，秦国再次出兵攻打三晋，信陵君魏无忌促成合纵联盟，对秦国加以反击。那么在此之前，也就是在长平之战与邯郸包围战之中，表现极为英勇的英雄们，后来的命运如何呢？让我们先来看看那些建立了丰功伟业之后依然不忘初心的侠客们的故事。

前面曾提过鲁仲连，就是那个能言善辩，主张与秦国交战，让魏国使臣新垣衍心服口服的辩士，史书上所记载的关于他的事迹，无一不表明此人是一位毫无私心的君子。根据《史记·鲁仲连邹阳列传》的记载，平原君要赐给鲁仲连封地，但是他多次辞让，最终也没有接受赏赐。平原君摆酒宴款待他，酒席上，平原君起身向前，献上千金祝愿他长寿。鲁仲连笑着说："天下人所尊敬的君子，应该是能为人排忧解难而不索要报酬的人。如果对此索要报酬，那是生意人的处事方式。恕我无法笑纳公子的美意。"

最终，他向平原君告辞离去，终生没有再与之相见。司马迁这样评价鲁仲连道：

> 鲁连其指意虽不合大义，然余多其在布衣之位，荡然肆志，不诎于诸侯，谈说于当世，折卿相之权。

而那个推翻赵国国内的亲秦势力，主张与齐国交好，以联合反击秦国，最终挽救赵国的虞卿后来如何了呢？《史记·平原君虞卿列传》这样写道：

> 虞卿既以魏齐之故，不重万户侯卿相之印，与魏齐间行，

卒去赵，困于梁。魏齐已死，不得意，乃著书，上采春秋，下观近世，曰节义、称号、揣摩、政谋，凡八篇。以刺讥国家得失，世传之曰《虞氏春秋》。

结合《史记·魏公子列传》的内容，可以推知虞卿和魏齐逃跑之后，又来到赵国。但是列传当中许多内容相互矛盾，无法考证。但从《史记·平原君虞卿列传》这篇文章的脉络来看，大体上可以推测虞卿应该与鲁仲连一样，放弃功名，隐于俗世之中。司马迁这样评价他道：

虞卿料事揣情，为赵画策，何其工也！及不忍魏齐，卒困于大梁，庸夫且知其不可，况贤人乎？然虞卿非穷愁，亦不能著书以自见于后世云。

接下来，为了赵国久经沙场、赴汤蹈火的老将廉颇之结局又如何呢？众所周知，虽然长平之战中，他被免职，但后来他率军包围燕国，立下了赫赫战功，东山再起。不过，廉颇虽然精通军事，在政治方面却颇为愚钝。他曾经与蔺相如在功劳大小上有过冲突，还因此负荆请罪。根据《史记·廉颇蔺相如列传》中的记载，也能看出此人有些愚钝直率。

长平之战中，廉颇被免职回到赵国，因为失势，所以门下的食客都离他而去。而等他又当上将军之后，这些食客又都回到他的门下。廉颇叱责他们说："你们都出去！"

食客们回答说："唉，您为什么对如今的形势如此不了解呢？现在，天下的事情都依据市场交易的规则。您有权势时，我们就依附于您，您失去权势时，我们也就离您而去，这就是世间的法则。您有什么可怨恨的呢？"

听了这样的说辞，廉颇对人情世故有所领悟了吗？后来，赵孝成王离世，赵悼襄王即位，让乐乘取代廉颇为将领。廉颇对此大怒，攻打乐乘，乐乘因此逃跑。因为此事，廉颇也逃往魏国大梁。

廉颇为何无法忍受呢？这大概要归罪于他的性格。廉颇虽然待在大梁很久，但是魏国始终无法信任他，因而没有重用他。因为廉颇一心想要回到赵国，正好当时赵国多次受到秦的攻击，陷入困境，赵悼襄王想重新起用廉颇。

于是，赵王派使者前去探查能否重新起用廉颇，但廉颇的仇敌郭开用巨金贿赂了使者，让他诬陷廉颇。郭开可与之前楚国的费无极相提并论，都是擅长谋害别人的人，他后来还诬陷谋害了赵国的名将李牧。当然，廉颇被诬陷也是因为他性格过于暴烈，树敌颇多。

廉颇内心很渴望能回到赵国，所以赵国使者一到，他就为使者准备了一个小型的宴请。他一顿饭吃了一斗米、十斤肉，后来还穿着铠甲跳上了马，以此显示自己依旧能够上战场杀敌。作为一名年老的名将，廉颇如此卖力让人心酸。但使者回到赵国却对赵王说道："廉将军虽然年事已高，但是饭量依旧很好，不过与臣一起坐了不过片刻，就去解了三次手。"

话已至此，赵王也无须再听，认为廉颇已经老了，就没有召他回赵国。而楚国反而请廉颇出山，廉颇率领楚兵作战了一次，却没有立下战功。他还是一心念叨着"我想要统领赵国的军队"，却最终死在了楚国。

谁都不可否认，他是多次在存亡之际挽救赵国的英雄。如果这架战争机器的高位上坐的是蔺相如那样的人，那么想必廉颇会死在自己朝思暮想的赵国。然而，这样一个对赵国极尽忠诚的英雄，最终却死在了楚国而没能完成心愿。

下一个是春申君。在赵国陷入危难之时，《战国策》中有这样一句话："我们只有相信春申君了。"因为他不仅把持着楚国的政权，而且对天下形势也有着清晰的认识。后面可知，春申君此人不善言辞，所以有很多言论都对他的谋略有所质疑。此处举一则极为荒诞的故事进行反驳来为其正名，春申君绝非心胸狭窄之人。

根据《战国策·楚策》的记载，春申君原本对荀子极为厚待，准备赐给他一百里的封地，但是有人劝他说赐给荀子这样贤明的人一百里地是一件很危险的事，所以春申君就没有赐给他。后来荀子就前往赵国，在赵国受到了极大的礼遇。又有门客对春申君说，像荀子这样的贤者如果留在赵国，那么赵国肯定会日渐强大，请求他把荀子再请回来，于是春申君又请求荀子回到楚国，但是荀子拒绝了。

然而，这个故事毫无根据。首先，它与《史记·孟子荀卿列传》当中的内容不符。根据列传记载，春申君任命前往齐国的荀子为兰陵令，春申君一死，荀子就被剥夺了官职。春申君活着的时候，荀子身在楚国。

当然有人会反问，比起《战国策》，《史记》当中的内容可信度就一定更高吗？在这件事上，的确如此。重要的是，列传当中记载荀子的家门世世代代居住在兰陵，因为荀子的后代生活在兰陵，所以司马迁才会如此记述，所以这一点几乎不可能是假的。因此，《战国策·楚策》当中所记载的荀子和春申君的故事是极为不真实的。实际上春申君并没有驱逐荀子，只有如此，才能与《史记》当中所记载的楚国人李斯师从荀子这一点相契合。

越往后世，《史记》当中记载的内容越准确。春申君可不是那种会嫉妒荀子而驱逐他的愚钝之人。《荀子·议兵篇》当中记载有荀子面见赵孝成王，两人针对临武君和兵法展开辩论的场面，因为荀子原本是赵国人，所以这是很有可能的事。因为春申君年老，谋事不周全而死，就想借荀子来编造故事来显示春申君的无谋，这是对英雄的诬陷。

为春申君的正名到此为止，接下来说一说战胜了千难万险的赵国英雄平原君后来的境遇。根据《史记·平原君虞卿列传》的记载，虞卿将信陵君救援邯郸城的功劳记在平原君头上，请求给他封赏。

公孙龙（被推测为有名的名家辩士）听到这一消息，连夜乘车前来与平原君会面，他谏言道："我听说虞卿因为信陵君保住邯郸城的功劳而请求赏赐给公子封地，有这样的事吗？"

平原君回答说："确有其事。"

公孙龙说："这绝对不行。赵王任命公子做赵国的宰相，并不是因为赵国没有像公子一样既有智慧又有能力的贤士。将东吴城封给公子不是因为只有公子有功劳而别人没有，而是因为公子是国君的近亲啊。公子接受了宰相的相印，却没有因为自己无能而拒绝它；接收了封地，也没有因为自己没有功劳而谢绝它。这都是因为公子也认为自己是国君的近亲啊。如今（作为外国人的）信陵君出兵保住了邯郸，而（既是本国人又是国君近亲的）公子却要请求封地，作为王室近亲接受城邑，作为国人又要论功行赏，这是不可以的。"

平原君最终听从了虞卿的话，没有接受封地，可见他的为人。赵孝成王十五年，平原君离世，他的子孙虽世代承袭他的食邑，但是随着赵国灭亡，他的后代也被灭了。所以可以推知他在赵国的名望如何。司马迁这样评价他：

> 平原君，翩翩浊世之佳公子也，然未睹大体。鄙语曰"利令智昏"，平原君贪冯亭邪说，使赵陷长平兵四十余万众，邯郸几亡。

司马迁这样评价他，是因为他虽然在谋略方面有所欠缺，但是却是真心实意为赵国做事，而且始终带有反省自己的态度。尤其是自己陷入了死地，还为深陷困境的魏齐辩护，实在难得。

下一章，笔者将要讲述当时公认的最伟大的英雄——魏无忌所展开的大反击。

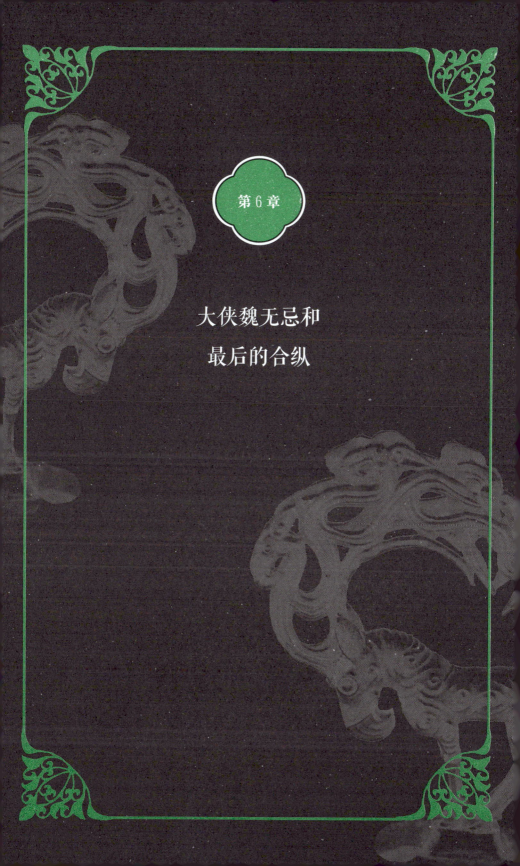

第 6 章

大侠魏无忌和
最后的合纵

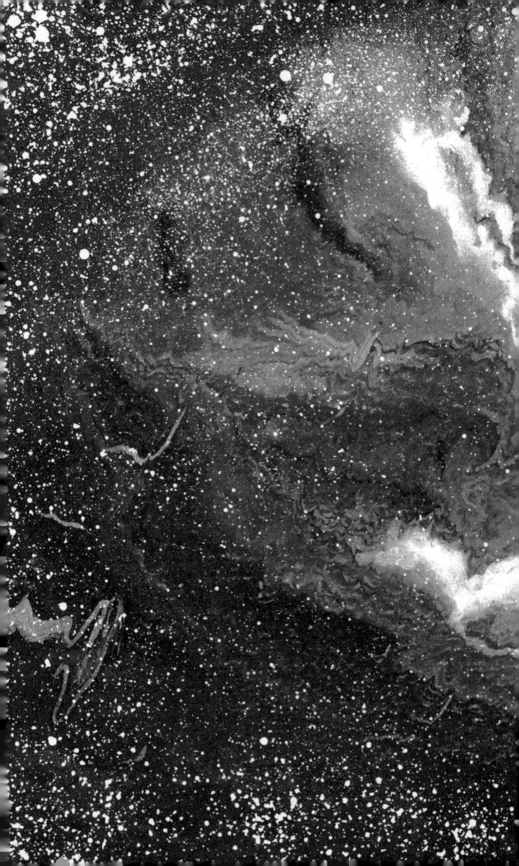

司马迁在《史记·魏公子列传》中这样写道：

　　高祖始微少时，数闻公子贤。及即天子位，每过大
梁，常祠公子。高祖十二年，从击黥布还，为公子置守
冢五家，世世岁以四时奉祠公子。太史公曰：吾过大梁
之墟，求问其所谓夷门。夷门者，城之东门也。天下诸
公子亦有喜士者矣，然信陵君之接岩穴隐者，不耻下交，
有以也。名冠诸侯，不虚耳。高祖每过之而令民奉祠不
绝也。

不管怎么说，魏无忌是背叛自己国家的人。刘邦成为皇帝之后，
为什么还要缅怀这样的人呢？应该是有某种理由吧。在这章中，我
们来看一下魏无忌的成功和失败，探究一下刘邦到底为何要称颂他。

1. 魏无忌再次挫败了秦国的野心

从与赵国作战前线败下来的秦军并没有放弃其野心。经历了数代的发展，已经倾斜了的天平也不可能在一瞬间就发生反转。《史记·秦本纪》中就有着这样的"堂而皇之"的记载。

> 五十三年（前254），天下来宾。魏后，秦使摎伐魏，取吴城。韩王入朝，魏委国听令。

这时候的魏无忌已经无法回到自己的祖国了，只能在赵国过着客居的生活。

秦昭王于公元前251年去世，结束了他长达五十六年的漫长统治。之后的秦孝文王，为秦昭王服丧期满后，正式即位，但很快就去世了。于是太子子楚即位，是为秦庄襄王。秦庄襄王的下一任就是嬴政了。秦庄襄王的身后有战国时代的大商人吕不韦在辅佐他。关于吕不韦和秦始皇的背景在下一章中还会提到，我们重新回到《史记·秦本纪》中看一下关于秦庄襄王时期的记载吧。为了对后来即将发生的事情有一个更好的了解，请读者们首先仔细阅读一下下面这一部分的内容：

> 庄襄王元年（前249），（中略）东周君与诸侯谋秦，秦使相国吕不韦诛之，尽入其国。秦不绝其祀，以阳人地赐周君，奉其祭祀。

如此，延续甚久的东周时代就此结束了。周在被戎挤压之后来到洛邑的时候，秦国主动担负起后防的重任，以此为代价，才终于成为与列国有同样资格的国家。然而，现在秦国却灭掉了他最初的老东家。虽然秦国长期以来受所谓"因袭"礼法的束缚，多次拯救周王朝于危难之间，但是最终这个"因袭"的礼法框架被这群雇佣兵给打破了。如果我们看一下与周朝时期最接近的例子的话，会发现波斯人当初也是从做雇佣兵发家，建立帝国之后，自己也开始使用雇佣兵，但是最终国家走向没落而被亚历山大大帝灭掉。中世纪的塞尔柱突厥部族也是从做雇佣兵开始，并最终在西亚建立起了巨大的帝国的。在中国这样的情况也不少见，比如说匈奴的佣兵后来就把司马氏的晋国给肢解了。而在中国之外，罗马被日耳曼佣兵所灭。像这样雇主被比自己更强悍的佣兵夺去国家的例子多而又多。雇佣兵们最初被雇用的时候，雇主就是看上了他们的力量和所谓的"野蛮性"，但是也正因为保留了他们的武力和野蛮本性，以致雇主最后被反杀。就这样，像消失了一般，冷冰冰传承下来的巨大的宗法制的时代也渐行渐远了。

接下来我们再看一下《史记·秦本纪》的记载吧：

> 使蒙骜伐韩，韩献成皋、巩。秦界至大梁，初置三川郡。

对于韩国来说，丢掉了成皋就好像一个大房子没有了墙壁。从巩即使放马慢跑到新郑也只需要一天的时间。根据《史记·六国年表》的记载，韩国把荥阳也交了出去。上党已经完全成了别人的土地，所谓的韩国虽然还在地图上有所标示，但实际上已经跟秦国的一个管辖区域没什么两样了。韩国在连续不断地侵略之下已经变得胆战心惊了。

> 二年，使蒙骜攻赵，定太原。
> 三年，蒙骜攻魏高都、汲，拔之。
> 攻赵榆次、新城、狼孟，取三十七城。
> 四月日食，王龁攻上党。
> 初置太原郡。

秦国的新一代领军人物是蒙骜，已经到了他纵横驰骋横扫三晋的时候。蒙骜在攻击太原一带的时候，赵国正在如火如荼地追打燕国。撑不了多久燕国就会倒下。不过，当时秦国的基本战略是什么呢？当然是远交近攻了。虽然没有留下记载，但是当时燕国的使者正频繁地出入秦国朝廷。即使使者不来，秦国也不会放过赵国军队被燕国牵制住的大好机会。《史记·韩世家》记载，韩国的上党已被王龁攻下，归秦国所有。黄河南北都已被秦占领，秦霸天下，仅仅是一个时间问题了。然而，在关于那一年的记载中，也有令人感到吃惊的内容：

> 魏将无忌率五国兵击秦，秦却于河外。蒙骜败，解而去。

魏无忌不是在赵国吗？发生了什么事情竟然能让横扫千军的秦军吃了败仗？所谓的河外到底指的是什么地方？河西吗？蒙骜到底包围了什么地方？根据史书的记录，有些问题可以找到答案，有些问题依然无法解答。不过，其中最重要的事实就是魏无忌回国率领五国联军击败秦军。退败到河外之后，蒙骜又再次退败了吗？《史记·魏世家》中这样记载：

> 三十年（前247），无忌归魏，率五国兵攻秦，败之河外，走蒙骜。

现在意思大体上已经明了了。蒙骜和王龁在进攻河内（黄河北部）的过程中，遭到魏无忌的反击，败退到了河外（黄河南部）。接着魏无忌又来到河外主动攻击秦军，然后秦军又退到西边去了。秦军遭受如此失败的这一年，正是庄襄王去世、年幼的嬴政即秦始皇登基的那一年。关于秦始皇登基的故事会在下一章中讲到，现在我们先根据《史记·魏公子列传》的记载，来看一下信陵君魏无忌组织的最后一次大合纵，以及他余生所进行的活动吧。

2. 沉迷于酒精的天才

先从邯郸之围被解开始说起吧。邯郸之围被解，但是魏无忌知道自己所犯的错误，于是让将领们先带军队回魏国去，自己则跟宾客们滞留在了赵国。魏无忌欺骗并夺走了晋鄙的军队，并将其整编为隶属于赵国的军队，赵国的孝成王为了报答魏无忌的恩德，经过与平原君商议，决定将五座城邑分封给他。魏无忌听到这个消息之后心生傲慢，倚功自傲的神色溢于言表。于是有一名宾客规劝他说："事情有不可以忘记的，也有不可以不忘记的。别人对公子有恩德，公子不可以忘记；公子对别人有恩德，希望公子忘掉它。况且假托魏王命令，夺取晋鄙兵权去救赵国，这对赵国来说算是有功劳了，但对魏国来说那就不算忠诚了。公子却因此自以为有功，觉得了不起，我私下认为公子实在不应该。"

魏无忌听后，立刻责备自己，感觉无地自容。赵国召开盛大的欢迎宴会，赵王打扫了殿堂台阶，亲自到门口迎接魏无忌，并依照主人迎接贵宾的礼节，领着魏无忌走进殿堂的西边台阶。魏无忌则侧着身子走，一再推辞谦让，并主动从东边的台阶升堂。宴会上，魏无忌称谦称，说自己有罪，对不起魏国，于赵国也无功劳可言。赵王陪着魏无忌饮酒直到傍晚，始终不好意思开口谈封五座城邑的事，因为魏无忌总是在谦让自责。因为，魏无忌想要留在赵国，赵王就把鄗邑封赏给他了，这时魏王也把信陵邑又封还给他了。但魏无忌仍留在赵国。

即使在异国，他也无法掩饰自己的那种对于人才的喜爱的本性。魏无忌听说在赵国有一个叫作毛公的处士，隐身于赌徒之中；还有一个叫作薛公的处士，隐身于酒徒之中，便很想认识他们。不过，这两个人听到消息之后，都躲起来不愿意见他。魏无忌知道了他们藏身的地方之后就悄悄地去了，跟这两个人相处得非常愉快。平原君听到这件事情之后对自己的夫人说："当初我听说夫人的弟弟魏公子是个举世无双的大贤人，如今我听说他竟然胡来，跟那伙赌徒、酒店伙计交往，公子只是个无知妄为的人罢了。"

平原君的夫人把这些话告诉了公子。公子听后就向夫人告辞，准备离开这里，说："以前我听说平原君贤德，所以背弃魏王而救赵国，成就平原君的美名。现在才知道平原君与人交往，只是显示富贵的豪放举动罢了，并不是求贤取士啊。我在大梁时，就常常听说这两个人贤能有才，到了赵国，我唯恐不能见到他们。拿我这个人跟他们交往，还怕他们不想结交我呢，现在平原君竟然把跟他们交往看作是羞耻，平原君这个人不值得结交。"

于是就整理行装准备离去。夫人把魏无忌的这些话全都告诉了平原君，平原君听了深感惭愧，赶紧赶过来向公子脱帽谢罪，魏无忌才留了下来。平原君门下的宾客们听到这件事，有一半人离开了平原君，归附于公子。公子对平原君的门客竟然有如此大的吸引力。于是公子留在赵国长达十年不回魏国。秦国听说公子留在赵国，就日夜不停地发兵向东进攻魏国。魏王为此事焦虑万分，就派使臣去请公子回国。

笔者现在准备解读一下《史记·魏公子列传》的内容。秦国真的趁着魏无忌不在的时候攻击了魏国吗？攻击是要按照秦国的既定计划进行的，不会由于一个人的原因延后或是提前进行。奇怪的是，不像《史记》中的其他部分一样，《史记·魏公子列传》中的内容在《战国策》中完全没有体现。看上去似乎是因为当时司马迁大量采用了民间故事和别的资料为依据的原因。魏无忌也不仅仅是名字光明磊落，他在山东诸国得到了统治者们的信任也是事实。

魏无忌对于魏王的愤怒感到很担心，于是警告门下宾客们说："谁敢替魏王的使者通报传达，我就杀了谁。"

由于宾客们都是背弃魏国来到赵国的，所以没有谁敢劝魏无忌回魏国。这时，毛公和薛公两人去见魏无忌说："公子之所以在赵国受到尊重，名扬诸侯，只是因为有魏国的存在啊。现在秦国进攻魏国，魏国危急而公子毫不顾念，假使秦国攻破大梁而把您先祖的宗庙夷平，公子还有什么脸面活在世上呢？"

话还没说完，魏无忌脸色立即变了，吩咐车夫赶快套车回去救魏国。祖国风雨飘摇、面临危机的时候，即使是普通人也会坐立难安，作为王族的他又如何能心安理得呢？魏王见到魏无忌，两人不禁相对落泪，魏王把上将军大印授给魏无忌，魏无忌便正式担任了上将军这个统率军队的最高职务。魏无忌派使臣把自己担任上将军职务一事通报给各个诸侯国。

诸侯们得知魏无忌担任了上将军，都各自调兵遣将救援魏国。魏无忌率领五个诸侯国的军队在黄河以南地区把秦军打得大败，使秦将蒙骜败逃，进而乘胜追击直到函谷关，把秦军压在函谷关内，使他们不敢再出关。当时，魏无忌的声威震动天下，各诸侯国来的宾客都进献兵法，魏无忌把它们合在一起签上名字，这就是后世俗称的《魏公子兵法》。

秦王担忧魏无忌进一步威胁秦国，就派人持万金黄金到魏国行贿，寻找晋鄙原来的那些门客，让他们在魏王面前进谗言说："魏无忌流亡在外十年了，现在担任魏国大将，诸侯国的将领都归他指挥，诸侯们只知道魏国有个魏无忌，不知道还有个魏王。魏无忌也有野心要乘这个时机决定称王，诸侯们害怕魏无忌的权势声威，正打算共同出面拥立他为王呢。"

秦国又多次实行反间，利用在秦国的魏国间谍，假装不知情地向魏无忌祝贺，问他是否已经成为魏王了。魏王天天听到这些毁谤魏无忌的话，不能不信以为真，后来果然派人代替魏无忌担任上将军。魏无忌明知这是又一次因毁谤而被废黜，于是就推托有病不上朝了，他在家里与宾客们通宵达旦地宴饮，痛饮烈性酒，常跟女人厮混，这样日日夜夜寻欢作乐度过了四年，终于因饮酒无度患病死亡。这一年，魏安釐王也去世了。秦王得到魏无忌已死的消息，就派蒙骜进攻魏国，攻占了二十座城邑，开始设立东郡。从此以后，秦国便开始一点一点地蚕食魏国领土。过了十八年便灭亡了魏国，屠戮大梁。

这件事让人觉得不可思议：魏无忌归国之后迅速组织起五国同盟，率领军队两次击退长驱直入、乘胜追击的蒙骜军队。

可能是因为人们相信孙武或吴起，或是孙膑留下了兵书的缘故吧。魏无忌能编纂兵书也是由于他的武名在背后给他做支撑。《汉书·艺文志》中的《魏公子》二十一篇就是《史记》中记载的《魏公子兵法》，但可惜的是并没有流传下来。

其实安釐王心里也应该是很焦急的。自己年岁渐长，归天的日子日益临近，想把王位传给儿子，但是自己同父异母的弟弟的名望却又如此之高，这该怎么办呢？就算是他没有异心，门客们显然也会鼓动他的。就在这个时候，间谍们散播的流言蜚语再次搅动了这位老国王的内心。

　　笔者关注的是魏无忌喝酒致死这件事情。这件事在文化史层面具有深远的意义，他的这种行为是对中国主流文化的一种对抗，其基础就是数千年流传下来的侠文化。所以我们在谈到魏无忌的时候一定要给他贴上"侠"的标签。为什么他被称为大侠呢？从下面的《战国策·魏策》中讲到的魏无忌实施反击将秦军赶到黄河南边，接着又再次与秦军对峙的故事可以推断出来，当时联军的气势很盛。当秦军再次因为魏无忌领导的军队退败的时候，秦国的庄襄王怒火中烧。当时魏国太子增作为人质滞留在秦国。《史记·魏世家》记载，庄襄王当时想把增关押起来。但是有人规劝道："（魏国谋士）公孙喜本来对魏相（可能是信陵君魏无忌）说过，'请速速攻秦，秦王一怒，定会囚禁太子增。这又会使魏王发怒，再次攻打秦国，秦国必定会伤害太子增'。现在大王要囚禁太子增，就会中了公孙喜的计谋。所以不如厚待太子增，而与魏国交好，让齐国、韩国去猜疑魏国。"

　　庄襄王接受了这个计策。即使太子身陷囹圄，公孙喜还是果断地请求攻打秦国，但是秦国的谋士也看破了他的计策。安釐王到底是多么的优柔寡断呢。恐怕世界上每一个普通的父亲，当自己的儿子在敌国做人质的时候，都会认为魏无忌的行动是不恰当的吧。

3. 富有人情味的大侠

　　魏无忌虽然很有才能，但是也有很多不忍心做的事情。看一下《战国策·魏策》中的内容吧。

　　魏军攻打韩国的管城（原为韩所辖，后为秦所夺。位于今天离郑州不远的地方），没有攻下。安陵人缩高的儿子正是管城的守令。信陵君便派人对安陵君说："请您派缩高到管城去，我将任命他为五大夫，让他担任持节军尉。"

安陵君说："安陵是个小国，不可能使它的民众一定听从命令。请使者自己去见缩高。"于是让人带领使者到缩高的住处，并传达了信陵君的命令。

虽然言辞很郑重，但是实际上是拒绝了魏无忌的命令。对于一介封国的国人还用得着宗主国的使者亲自去吗？不管怎么说，使者见到了缩高。缩高回答道："公子任命我为五大夫，是要我去攻打管城啊。父亲攻打管城，儿子防守，这会让世人耻笑的。儿子如果看在我的面子上降服于我的话[1]，这是背叛自己的主君，父亲教儿子做背叛的事，恐怕也不是公子所喜欢的吧。我冒昧地再一次表示不敢受令。"

使者回来后将他的原话汇报给魏无忌，魏无忌大怒。现在所有的国家都跟联军联合实施反击的时候，魏国的一个封国居然敢不协助配合，这件事情能这样就算了吗？他将使者派到安陵对安陵君说："安陵这个地方，也等于是魏国的土地（因为是魏国分封的，所以就是魏国的土地。安陵位于韩国和魏国的交界处，魏国西南面的尽头处）。如果我攻不下管城，那么秦军就会来攻打我们魏国，显然国家将要危险，希望大王活捉缩高，把他押来。如果您不把他押送来，我将出兵十万攻打你们安陵。"

然而，安陵君还是拒绝了他的要求："我先君成侯（最初受封安陵的人）受魏襄王的诏令而封守此地，当时先君曾亲手接受中央的宪法大典，大典的第一篇就明文规定：'儿子杀父亲，臣下杀臣主，按常规不予赦免。国家虽有大赦之法，然而降城投靠敌国的人，他儿子不能坚守而逃亡的人，不在大赦之列。'现在缩高不接受五大夫的尊位，是为了保持父子的正常关系。而公子却说'必须活捉来'，这是要我违背魏襄王的遗命，而废除中央的宪法大典啊，我就是死

---

[1] 《战国策·魏策》中为"是臣而下"，意思不通。《资治通鉴》修改为"见臣而下"。

去也不敢执行。"

缩高听到这些话以后，说："信陵君为人强狠、固执，使者把安陵君的这番话回报给信陵君，安陵国必遭大祸。我已经保全了我做臣子的大义，怎么能要我们国君（安陵君）去遭受魏国的祸害呢。"

于是就到魏无忌使者的住地，自刎而死。

缩高是为了自己儿子的将来做打算才赴死的吗？不管怎么说，就像在第四章中我们看到的那样，魏国王室虽然对安陵不满，但是魏无忌从之前开始就安抚保护安陵，是因为他想将安陵作为对抗秦国的基地。魏无忌采取了怎样的行动呢？他在得到缩高死了的消息之后，身穿丧服，离开住宅去吊唁，又派使者向安陵君谢罪，说："我魏无忌是个小人，脑袋糊涂，无意中对您说了错话，冒昧地请求您恕罪。"

魏无忌大概就是一个这样的人。《资治通鉴》中也有关于这件事的记录，并且对缩高的行为采取了表扬的态度。然而，元朝大学者胡三省对《资治通鉴》做的批注中，痛批了缩高和安陵君。我们看一下他对上述二位的批判词吧。

> 安陵，受封于魏国者也，缩高，受廛于安陵者也。缩高之子不为魏民，逃归秦而臣于秦，为秦守管。时秦加兵于魏，欲取大梁，安陵悗念魏为宗国，缩高悗念其先为魏民，见魏之危，安敢坐视而不救。公子无忌为魏举师以临之，安陵君则陈太府之宪，缩高则陈大臣之义以拒之，虽死不避，反而求之，可谓得其死乎！无忌为之缟素辟舍以谢安陵，吾亦未知其何所处也。

胡三省虽然似乎对缩高的死怀有恻隐之心，但是却认为他的死毫无价值。特别是安陵君的所作所为让人很讨厌，国家都要灭亡了，竟然还担心自己那蟹壳大小的封地。其实信陵君是在看强秦的眼色。

如果说缩高是坚守了父子的义理而死的话，那应当是死得其所，那魏无忌又有什么好反省的呢？应该都是据小义而看眼色的人吧？就算缩高是为了儿子只能这么说，但是安陵君的态度就很卑鄙了。既然是从魏国得到封地的人就应该说服缩高，如果不成的话，难道不应该反过来向魏无忌谢罪吗？魏无忌应该毫不手软地严惩安陵君才是。但可能是因为此时与秦力战之际，无暇应付此事吧。

然而，受到这样的批评，也是没办法的事情。魏无忌从开始就是这样的人，他之所以谢罪一方面是因为担心安陵落到秦国的手里，另一方面也可能是因为他的那种厚待正义之士的侠气的原因吧。在反击的时候，他表现出来的行动也令人惋惜。或者说是因为所谓反击也是有限度的，所以以这种方式实现所谓的"义气"？最终反击在某一刻停了下来，他饮酒致病死掉了。

4. 魏无忌和侠文化

侠士和拥有理论的诸子百家的最大差异就是，侠是面对眼前之义，一定会义不容辞去践行的行动哲学；不管还有多远的路要走，对于眼前陷入困境的人，一定不会弃之不管。说到侠客的时候，我们常常会联想到拿刀剑的人，因此感觉侠是武士的一种伦理观念。不过，侠并不是像日本封建时代武士道那样的从属于现存社会秩序下的一种职业团体的规范，反而是有一种意图游离于社会之外的欲望，即便没有形成组织化但也心存一种将社会转向理想化方向发展的愿望。

侠经常与客（游子、羁客）结合在一起，原因是他们常常游离于现存的社会秩序之外。尽管如此，侠是有明确的方向性的。那就是作为一个人所必须要履行的义。同样，侠也有很多不应当做的事情。侠义的义指的是义气，与一种从心底强烈喷发出来的感情有关。

孟子置于四端之首的全部是与自然感情相关联的东西。首先，恻隐之心指的就是一种纯粹的心；其次，羞恶之心指的是讨厌污浊的感情和动作的心。侠，在强调恻隐之心和羞恶之心的另一面，是对儒家僵化的上下伦理和秩序要求的一种警示。在其上下伦理中也包括了君臣之间的伦理。然而，就算是君主，犯了恶行也会当场死于义侠的刀下。

　　侠同时还反对法家的强烈的法制和刑罚伦理。法家剥夺了个人的私自处置的权力，就像《韩非子》中说的那样，法家最憎恶的就是持刀行走江湖的游侠。侠客用自己的双手，有恩报恩、有仇报仇。这样的话，侠从实质上就包含了威胁国家权威的可能性。在法家看来，他们抢走了本来"只属于君主和国家的执行暴力的权力"。威胁到行使公共暴力行为权力的个人是必须要被清除掉的对象。儒家讨厌侠客的原因，是因为他们执着于现时的义理从而扰乱了天时和人伦的秩序。这样的话，我们就能理解法家和儒家为什么蔑视侠了。然而，即使与侠精神最接近的墨家也将他们作为排斥的对象。司马迁惋惜地写道："然儒墨皆排摈不载。"如果没有侠的自律性、突发性、活跃性，战国时代之后的中国政治史将会在儒家和法家的框架之下变得僵化。

　　侠是一种由一定部分的感情作为基础的伦理，所以被滥用的空间也很大。比如说，刺死一个跟自己不合的人就可能会坚称是出于义气精神的义举。这样的话，侠精神还能扩大成为以共同利益为基础的一种伦理吗？想要实现的话只有一个可能性，那就是侠要不为自己的私人利益所动。怎么能保证做到这一点呢？那就是在达到某个既定目的之后，要分文不取地离开。如果不去取得通过自己的行动达成的成果，那么就可以说其最初的目的并不是出于私利，所以按照这样的伦理，侠就是要以义行事，然后再以侠客姿态离开才行。

　　然而，有时候由于身份上的限制，侠客有时候并不能抽身而出。那么这时候该如何证明侠客自身的清白呢？作为弱化自身能力手段的酒此时就派上用场了。在笔者看来，喝醉酒的人会变得没力气，而且会把所有事情都吐露出来，所以应该是不能抱有什么阴谋的人。所以，怀有私心的人是没办法每天喝醉酒生活的。所以在侠文化中又诞生了中国酒文化的一个支流。天下的侠客当中喜好喝酒的人很多，他们的领袖也无一例外的都是爱喝酒的人，李白就是其中的代表人物。

> 抽刀断水水更流，
>
> 举杯消愁愁更愁。
>
> 人生在世不如意，
>
> 明朝散发弄扁舟。
>
> ——李白《宣州谢朓楼饯别校书叔云》（节选）

这是李白饯别叔父李云时作的一首诗，诗人的心情与当时魏无忌的处境很相似。魏无忌窃符救赵，最终救了赵国并使得合纵计划重新生效，将秦军赶到了函谷关西边。魏无忌几乎是战国时代末期山东诸子当中最具有军事才能的人了。然而，以他的实力还不足以图谋函谷关以西的土地，就像诸葛亮在五丈原处越不过渭水一样。同时，由于他自身的行为也受到了国君的怀疑，再也动弹不得。从此，就像李白披头散发坐扁舟一样，他开始沉迷于酒色之中。

当然魏无忌在之前也算得上是一个侠士。孟尝君是侠客们的东家。不过，等到魏无忌的时候，侠文化已经具备了一些固定的特征。他到底赋予了侠文化以什么样的可能性和丰富性呢？侠是剑客们率性而为的行动文化。孟尝君的门客曾经当面威胁别国君主，要血溅当场。虽然勇气可嘉，但是由于无知而令人贻笑大方，也是不争的事实。

本书中曾讲述道，在平原君的食客之中，有一个叫作毛遂的人，也是一个这样的人物。侠客如果只为自己的主君服务的话，那跟卑鄙的刺客又有什么区别呢？我们能察觉到魏无忌的门客侯嬴和朱亥等人，表现出了与孟尝君的门客所不同的特质，这是因为门客们并不只是为了魏无忌的私人目的去做事情，他们都只是作为一个性格鲜明并有自律意志的人，出于对魏无忌主张的大义的认同而有所行动。他们并不是单纯地因为魏无忌是自己的主君而奉献出自己的忠诚，而是因为他们认为魏无忌所做之事为"正义之举"，为此他们甘愿奉献出自己的生命。这种义举的核心当然还是"抗秦保国"。他门下的门客不是单纯为主人而死的剑客，而是协助朋友义举的助力者。

在李白的《侠客行》一诗当中，通过一杯酒就展现出了作为大丈夫的抉择、友情和侠气，在对抗儒家贤人观念的同时，又使魏无忌和他的朋友们的形象呼之欲出、跃然纸上。在他看来，天天嚷着已经洞察世事的贤人道士们虽然白首穷经写出了《太玄经》，但是真的遇到生命堪忧之事时，就只会像扬雄那样被吓破胆从楼阁高处跳下去，像这种文人只能是侠客们的对立面。

魏无忌之后又涌现出来许多杰出的英雄侠客，他们纷纷在历史大事件中登场。汉高祖刘邦，本身就是侠客出身，最后成了第一位建立了自己王朝的侠客。出身于街头混混的刘邦之所以能够集结党羽，排除掉诸多名门贵族，再次建立统一王朝，就是因为他不受儒家、法家制约的那种果断的侠气。他和《三国演义》当中的关羽都是让侠文化在中国牢牢扎根的主要人物。

与既是主君又是兄长的刘备在一起，就算是失败，关羽也心甘情愿地接受。当时天下是曹操的天下，这是昭然若揭的现实，甚至刘备胸无点墨，他都可以完全不放在眼里。敢于违抗天下大势，只为实现兄弟情义，他也因此收获了英名。唐太宗李世民堪称是侠客集团的头目。在玄武门将哥哥、时任太子、还有弟弟杀掉，然后登上皇位。一开始撺掇太宗的人是尉迟敬德。太宗的行为虽然无法用儒家的"仁义论"来说明，但司马光说："嫡子继承皇位也是理所当然的事情，如果作为兄长能学习吴太伯，传位给李世民的话，以太宗的能力和功劳来看，也一定不会出什么乱子。"以此来拥护李世民。并且还替太宗辩解说："受手下人的逼迫，不得不首先起事，甚是令人惋惜。"意思是说，从一开始就是对方的错误。

笔者谈到刘邦、关羽、唐太宗等人传承的侠客风骨之目的，是为了点评魏无忌。他虽然不是侠文化的创始者，但是却将所谓的边疆的侠客文化带到中原来，赋予其更大的发展的可能性。

5. "从道不从君"

《荀子·臣道》中的下一个故事应该就是对于义侠的歌颂了吧。荀子是跟魏无忌同时代的人。不管何时都重视原则，不容离经叛道的他是如何评价魏无忌的呢？

> 从命而利君谓之顺，从命而不利君谓之谄；逆命而利君谓之忠，逆命而不利君谓之篡；不恤君之荣辱，不恤国之臧否，偷合苟容，以持禄养交而已耳，谓之国贼。君有过谋过事，将危国家殒社稷之惧也，大臣父兄，有能进言于君，用则可，不用则去，谓之谏；有能进言于君，用则可，不用则死，谓之争；有能比知同力，率群臣百吏而相与强君挢君，君虽不安，不能不听，遂以解国之大患，除国之大害，成于尊君安国，谓之辅；有能抗君之命，窃君之重，反君之事，以安国之危，除君之辱，功伐足以成国之大利，谓之拂。

> 故谏争辅拂之人，社稷之臣也，国君之宝也，明君所尊厚也，而暗主惑君以为己贼也。故明君之所赏，暗君之所罚也；暗君之所赏，明君之所杀也。伊尹、箕子可谓谏矣，比干、子胥可谓争矣，平原君之于赵可谓辅矣，信陵君之于魏可谓拂矣。传曰："从道不从君。"此之谓也。故正义之

臣设，则朝廷不颇；谏争辅拂之人信，则君过不远；爪牙之
士施，则仇雠不作；边境之臣处，则疆垂不丧。故明主好同
而暗主好独，明主尚贤使能而飨其盛，暗主妒贤畏能而灭
其功。

魏无忌在经过观望之后，违背了不许出兵的君命，偷走兵符，
杀死军队长官，夺取了兵权。不过，他却成功地击退秦军，一雪前
耻，使得魏国重新获得了继续生存下去的机会。荀子认为"魏无忌
的选择是一种违背君主命令，但是对君主有利的一种忠诚，也是纠
正君主错误言行的一种福"。最终他实现了"从道不从君"。我们继
续看一下接下来的评价内容：

　　争然后善，戾然后功，出死无私，致忠而公，夫是之
谓通忠之顺，信陵君似之矣。

荀子认为魏无忌虽然先是"争"，但最后也实现了"通"。他这
样认为的理由是什么呢？虽然违抗命令，但是通过自己的行动证明
了自己是正确的，然后在事情都结束之后，又向天下证明了自己是
无私的。这样的人不就是大侠吗？

第 7 章

商人吕不韦

——奇货可居

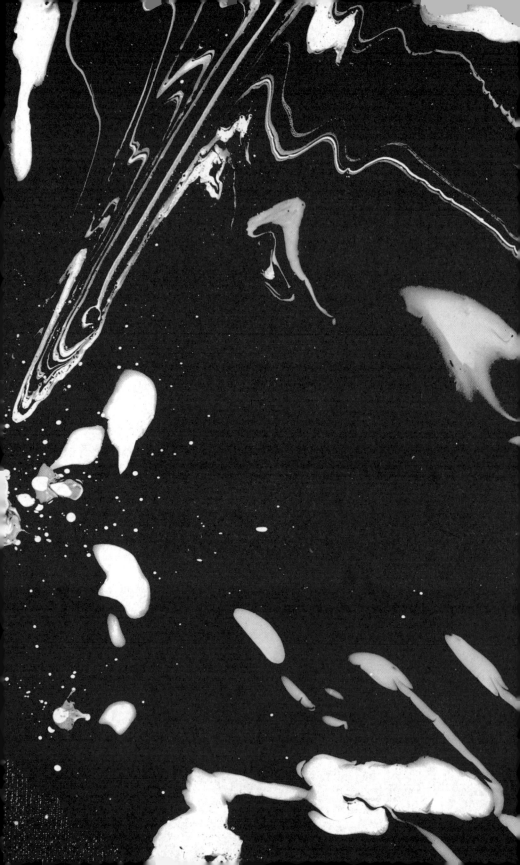

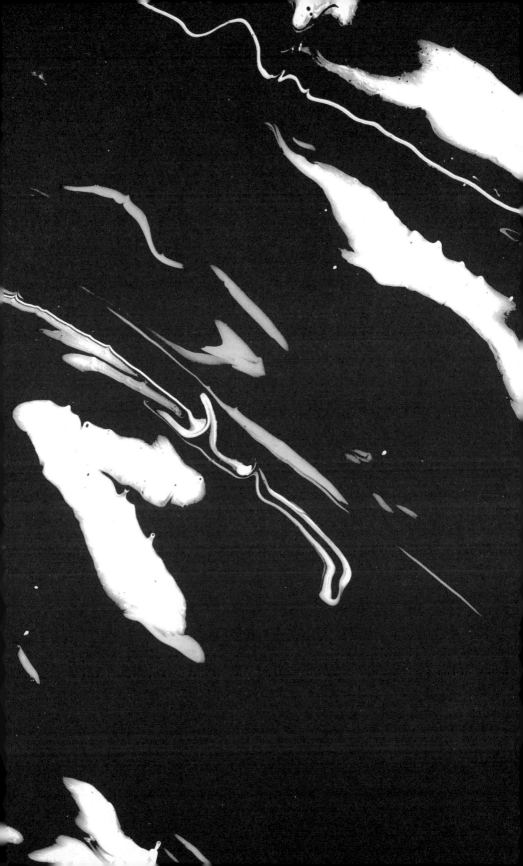

很久以前，有一个试图凭借金钱收买天下的男子。虽然他并没能买下整个天下，但买到了即将完成统一的强秦君王的心。商人吕不韦的出现和活跃，以及借助其金钱最终统一各国的君王秦始皇的登场，这一切虽是无法改变的历史事实，但也充满了令人难以置信的戏剧性色彩。可以说，吕不韦的计划基本获得了成功，但众所周知，秦始皇将吕不韦的支援金增值千倍并掌控天下，那么谁才是更胜一筹的商人呢？

战国末期究竟是怎样的一个时代，商人为何会将目光瞄准权力呢？在前面的章节里，我们讲述了激变的战国时代如何使原有的社会体制一步一步走向崩溃与瓦解。这一时期，出现了与原有社会阶层不同的商人阶层。如今，我们通过出土的文物证实了楚国商人的存在，他们拿着国家签发的通行证，驾驶由小船连接而成的五十余艘驳船航行于长江之上。史书中记载了当时的国家利用关税充盈国库，还记载了皇帝以诸侯之礼对待巨商。原本不存在的政治体制逐渐形成，腰缠万贯的商人也随之出现在历史舞台之上。在这股势力的保护之下，秦始皇这个巨人正逐步成长。

1. 金钱时代——商人的时代

剩余、货币、商人

在讲述战国时代中国的商业发展和巨商登场的故事之前，首先让我们把视野转向世界，将时间定格在更加遥远的古代。

虽说贸易的必要性导致了商人的出现，但商人出现之后，便促进了贸易自身的扩大与发展，同时商人通过贸易的发展也实现了自身的壮大。从这个方面来看，商人和货币便是一对不可分割的孪生儿。从物物交换到简单的村落集市，交换的历史虽如同人类历史一般漫长，但是这种单纯的交换却无法促成商人的诞生。如果要促成交换能手，即在贸易中投入劳动力的商人出现的话，那么其必须将充足的时间投入贸易活动之中，同时贸易本身还需如同自己的生计一般维持在一定的规模。因而，在论及专职商人的角色之前，首先介绍长途贸易会对理解前者有一定的帮助。

长途贸易的历史悠久超乎想象。在贸易当中，卖方和买方可以同时改变社会，特别是在贸易商品可用于制作生产工具的情况下，变化的速度会更加迅猛。生产工具当中还包含了武器材料这样的破坏生产的工具。例如，有着迈锡尼西伯利亚南部的草原地区和公元前10世纪之前中国商朝工艺技术结晶之称的战车，其基本形态在东西南北各地几乎都较为统一。这并不是说战车是依据某种原型并结合当地的特色独自进化发展而成的，而是以几乎完整的形态直接向四周传播而形成的。要想保持这种程度的相似性，就算不是有人带着设计图纸四处奔走传播的结果，至少肯定是工匠们在迁移的过程中传播了此项技术。相比战车技术的传播，陶器、饰品或其制作技术一类的工艺传播是要早上数千年的"贸易"行为。因此，早期的商人定然是与技术者相互联合共生的，而中国的历史也证明了这一点。

物品和技术都需要传播，商人在这种过程中汲取了力量，或者可以说，商人团体本身也拥有一定的权力。例如，古代西亚的青铜器文明依赖中亚的锡矿也已被证明是不争的历史事实[①]。开采锡矿的矿工还有另一个重要的身份，那便是国际商人。开采锡矿的矿工们在获取并加工原料之后，会直接穿越沙漠向南走上贸易之路吗？早期，即使矿工们想独占收益，也无法直接实现，因为当时有专门的贸易家把持贸易舞台，还有一部分矿工转变角色成为商人。在完全没有锡矿的地方，人们也发现了青铜合金制品，维持这样的贸易网或者通过不安定的贸易地区，绝不是容易之事。因而，商人们只得尽力团结一致。然而，光凭贸易的必要性无法促成强有力的商人团体的诞生。他们还需借助其分身，即货币的帮助。

在中亚和草原地带发现的铅块以及铜块，显然本身既是贸易商品，又发挥了货币的功能。众多学者都对于青铜改变世界的观点没有异议。如果没有青铜制品，古代战争的引擎战车也便不会出现。由此看来，铜和锡都是一般的商品货币，特别是锡比铜的价值更高，

---

① 参考《古代西亚的采矿和金属加工》，J. D. 穆利著。收录于《古代近东文明》(密歇根大学，1995)，杰克·M. 萨森等编

因此成为长途贸易中的最佳商品货币。

现在，我们再把目光转向战国时代的中国。商人如果想改变自己单纯作为特定商品运输者的地位，就必须拥有真正的货币。此刻我们所谈论的货币和今天使用的货币基本上是同一概念上的货币。这种真正的货币既是积累财富的一种手段，也具备购买包括劳动力在内的所有商品的功能，也就是无论在哪儿都能使用的具有权威性的"货币"。那么，货币究竟出现于何种情况之下呢？货币产生之后，它又带来了怎样的社会变化呢？

货币若想行使"权力"功能，最重要的就在于产出满足社会吃穿用度后所剩余的东西，即所谓的剩余。没有剩余的话，货币只能作为单纯的交换手段，聚积货币实际毫无意义。比如说，在只生产食物和衣服的社会中，我们可以直接用食物和衣物完成交换。如果物品的种类略微增多，达到三四种以上的话，便会出现市场，此时为了克服物品交换的时间差，才会需要商品流通的手段——货币。不过，如果商品流通的速度十分缓慢，那么利用极少的货币便能全部解决交换的问题。这是因为货币从一个人的手中转移到另一人手中的速度极其缓慢。如果剩余物品不足，货币无处可用，便会失去它的效用。无法参与流通的货币也只不过是一种饰品罢了。

如果剩余物品过分积压，那么情况又会有所不同。这是因为利用货币可以购买到所有的剩余物品。在这些剩余物品之中，还包含了最好的商品，那便是人。从社会科学的角度来看，操纵使役他人的人被称为权力者。而如今我们生活在一个高度发达的货币经济体系之中，金钱也就成了我们熟知的权力者。战国末期，各国之间为了积累剩余价值而你争我抢，这时候金钱便已经抢占了权力者的位置。接下来就让我们一起看看所谓商人团体的规模及其发展壮大的过程。

在战国时代，城市中的商人团体在总人口中占据着不容忽视的比重。我们知道，春秋时代管仲将齐国的国都划分为二十一个乡，其中工、商阶层共占据六个乡。春秋时代在组建国都的时候，通过将士、工、商阶层聚集在一起订立盟誓，以明确各个阶层的义务和权限。商人奔走全国各地，就算假设工人是商人的两倍，商人也占据了国都大约百分之十的人口。到了战国末期，即使商人的数量没有增多，其拥有的力量也大大增强。

这是为什么呢？首先，货币能够购买的剩余物品大大增加。我们无须大费周章，仅仅从苏秦的游说当中便能够了解到当时的情况。苏秦指出，"临淄之卒固以二十一万矣"。无论采用何种方式计算，其中的商人数量至少也会超过一万人。他还指出，"（楚）粟支十年，此霸王之资也"。实际上，国都一般都会储备能够吃几年的粮食。秦国攻打楚国的鄢城和郢城，以及攻打赵国的邯郸时，都历经数年时间。是以证明，即使数十万人吃上好几年，国都的粮食还是会有剩余。退一步说，国都的粮食储备量不是十年至少也会是三年。齐国临淄七万户的男女老少总计数十万的人口，所以最少也得储存一年能养活一百万人的粮食。这虽是应对战争的储备，但也是实际存在的剩余。

到了战国末期，商人们获得剩余价值逐渐变得容易。同样，我们从苏秦的游说中可以找到相关线索——每当战争打响的时候，便会出现军市。在大规模的破坏和重建过程中，商人们都会借机聚拢财富。

司马迁在《史记·货殖列传》中记载了秦国统一之前巨商们的故事。他指出"谚曰：'千金之子，不死于市。'此非空言也"。"死于市中"指的是被国家公开判处死刑之意，而拥有千金便可免受国家权力的影响。虽然秦国采取重农抑商的政策，但是仍然出现了富甲一方的商人们。《史记·货殖列传》是记载当时富人们的最早记录。下面就让我们一起看看秦国统一之前和之后巨商的故事。如前所述，最早的巨商一般都会与工业和矿业有所关联。

狗顿用鹽盐起。而邯郸郭纵以铁冶成业，与王者垺富。乌氏倮畜牧，及众，斥卖，求奇绘物，间献遗戎王。戎王什倍其偿，与之畜，畜至用谷量马牛。秦始皇帝令倮比封君，以时与列臣朝请。而巴（蜀）寡妇清，其先得丹穴，而擅其利数世，家亦不訾。清，寡妇也，能守其业，用财自卫，不见侵犯。秦皇帝以为贞妇而客之，为筑女怀清台。夫倮鄙人牧长，清穷乡寡妇，礼抗万乘，名显天下，岂非以富邪？

统一之后，秦始皇自夸实现了"崇本（农业）抑末（商业）"，但实际上庞大的帝国不可能没有商人的存在，同时，在国家需要的时候，也还会寻求商人们的帮助。战国时代，巨商们和国家也实现了共存。冶盐和制铁均是国家主要的收入来源，丹砂则是贵重的奢侈品。然而巨商们的经营范围并不仅仅局限于这几类物品。如果战争爆发，家畜和谷物反而会有更大的利益空间。我们来看下面的记载：

种、代，石北也，地边胡，数被寇。人民矜懻忮，好气，任侠为奸，不事农商。然迫近北夷，师旅亟往，中国委输时有奇羡。

虽然种、代的人们基本上不热衷于从事商业活动，但是他们当中也必然存在经商的能手。赵国的卓氏在变为秦人之后，赚取了大量的钱财。

蜀卓氏之先，赵人也，用铁冶富。秦破赵，迁卓氏。

在其他人为了留在近处而行贿之时，卓氏却自己提出要去遥远的临邛。当然这也是为了能够放心大胆地赚钱而做出的选择。

致之临邛，大喜，即铁山鼓铸，运筹策，倾滇蜀之民，
富至僮千人。田池射猎之乐，拟于人君。

战国时代，赵国的卓氏来到秦国，以普通百姓为对象展开商业
活动。而魏国的孔氏则干脆直接联合诸侯进行贸易，也就是所说的
官商结合。

秦伐魏，迁孔氏南阳。大鼓铸，规陂池，连车骑，游诸侯，
因通商贾之利，有游闲公子之赐与名。然其赢得过当，愈
于纤啬，家致富数千金，故南阳行贾尽法孔氏之雍容。

孔氏通过这种方法，积攒了千金家产。向诸侯贩卖铁器与筹措
军需物资有着一定的关联。以数十万士兵的军队为对象，短则数
月，长则数年进行商贸，不难看出这些大展身手的商人们的远见卓
识。在楚汉争霸时期，这比本章的主人公吕不韦登场的时代晚了将
近四十年，当项羽、刘邦对峙于荥阳之时，仓库守卫任氏却借战争
之机，谋取了大量财富。

秦之败也，豪杰皆争取金玉，而任氏独窖仓粟。楚汉
相距荥阳也，民不得耕种，米石至万，而豪杰金玉尽归任氏，
任氏以此起富。

实际上，任氏的行为与偷盗并无两样。尽管如此，即使是诸侯
也无法强制夺取任氏的粮食。因为那样的话，必然会立马遭到商人
们的排斥，行进的军队也就无法获得粮食补给了。虽然任氏的起点
不太光彩，但之后他笃实虔诚，子孙后代也积攒了大量的财富。他
的后代后来如何了呢？司马迁曾说道："富而主上（汉天子）重之。"

在那个战乱的年代，商人的出现也是历史的必然。

让我们暂时再将目光转向货币。适用于大型贸易的最佳货币还是要数今天的纸币和支票，但是它们的前身也都是金子。虽然人类使用货币的历史十分悠久，但是真正开始使用金属货币的时间却很晚，现存最早的金币来自于公元前 7 世纪至公元前 6 世纪小亚细亚的丽迪亚王国。公元前 6 世纪以后，波斯帝国成为沟通东西方的桥梁，大量金属货币的流通，使得全世界几乎同时迈入金属货币时代。中国货币的历史也与之相距不远，春秋时代末期出现了早期的金币，到了战国时代，金币得以大量流通①，目前现存最早的金币出自于当时的楚国②。

20 世纪 70 年代，在战国时代的楚国墓地中出土了多件被称为"郢爰"的金币。郢指的是当时的楚国国都，爰代表货币单位。战乱之时，楚国放弃了汉水边的江陵一带并向东迁逃，最后将都城迁到了寿春一带，而出土的"郢爰"也主要来源于此地。虽然推测其年代在战国末期，但是因为在位于今湖北省的旧城江陵也同样发现了"郢爰"，所以我们无法断言直到战国时代才出现了这种货币。就像千年之前的战车一样，这种货币自诞生开始就已经具备了完整的形态，不仅货币上刻有文字，还出现了可供大量制作此种货币的模具。因而，我们可以推测，至少要到战国中期，金币才得以大量地流通。不同于铜，金是一种极其珍贵的金属材料。金的大量流通也就意味

---

① 在中国，我们发现了墓地里模仿器皿制作而成的青铜铸物，它们小巧而精致，出现的时期也比刀钱之类的青铜货币要早得多。如果它们还担当了货币的功能，那么中国使用金属货币的历史则要比西方还要悠久。然而，金代替青铜器具和玉器成为流通工具一定是受到了西方和北方的影响。与铜不同的是，金和玉都没有实际的用途，而相比金，人们更加重视玉，则只是单纯的由于文化因素的影响。然而，由于贵金属不易磨损，且加工后便于再次使用的良好物理特性，使其不仅自然而然地具备了保值的功能，还成了商品流通的重要手段，重要性逐渐凸显。

② 尽管我们推定春秋末期的标准化货币为金铸物，但它是否像楚国的货币一样得以广泛地流通还不得而知。

金币的出现 ①带有"西安"字样的货币。②安徽寿县出土的楚国货币郢爰。楚国货币不仅在战国时代的楚国,而且在中原的众多地方都有发现。③河南辉县出土的春秋末期的金制贝壳形状物,具备了金币的原始形态。

着相应的商品流通量的规模之大。那么,商品究竟是以怎样的规模在市场上自由流通的呢?

在具体讲述商品以何种规模自由流通之前,在这里再补充一个故事。货币自身便可实现增值,即产生利息。《战国策·齐策》中记载了孟尝君为了养活门下的众多食客,而向封地的百姓放债之事。以放债的方式赚取钱财,那么谁会需要这笔钱呢?答案当然还是商人们。

商人为何希望统一全国

尽管商人们能够通过战争,甚至非法开采和偷盗的方式去积累本金,但一旦获得资本之后,他们便渴望拥有适合经商的稳定环境。市场越大,剩余价值越多,关税和交通费用降得越低,度量单位越统一的话,商人们可获得的利润也就越大。所以巨商们怎么会不希望迎来统一的局面呢?

自地域间的贸易产生以来直至现在，只要是商人，都会渴望无关税的贸易环境。然而，自国家出现以来，从来未曾被放弃过的税收来源便是关税。如果遭遇乱世，农业不稳定的话，国家则会更加觊觎由商业产生的商业税。商人们渴望财富像流水一样滚滚而来，他们天生就厌恶关税。

现在就让我们一起简单分析一下商人们应援统一的重要原因之一，即税金问题。《孟子·滕文公》中说：

> 什一，去关市之征，今兹未能，请轻之，以待来年然后已。

《荀子》中提到"田野什一，关市几而不征"，阐明了儒家的经济思想。可以推断出，这里的"什一"指的就是田税，但是因为这句话没有明确的主语，所以也有人推测当时商业税的额度也是十分之一。言归正传，商人们难道不用纳税吗？上述看法其实暗含了商人不管从事何种形态的活动，他们只需和农民一样缴纳十分之一的税，而不用再缴纳关税和商业税的意思。然而实际情况却并非这样。农民们缴纳十分之一以上的税收，那么，商人也必然要进行纳税。通过文献资料我们可以发现战国末期整体税收增加的真实原因。

《管子·幼官》中记载："市赋百取二。关赋百取一。"这种程度的税率算是非常低了，但这仅仅只是假定的理想化情况。在前面我们已经提及信陵君魏无忌提出将韩国的河南地区和上党的通路相连接，从而收取关税的想法，他认为获取的关税足够让国家变得富有。由此可见，当时征收的关税绝不可能仅仅为百分之一。

我们再把视线转向另一个问题。就算税率很低，但是也得考虑到征税的关卡可能不止一个。《管子》中提及的"关"指的是国内的关口，或许就是通往国都的关口。当然在国境地区也会设有关口。在湖北省荆门发现的《包山楚简》第149号简记载："陵尹墫以杨虎敛关金于邾敥，臾仿之新易一邑、灵地一邑、厉一邑、贵一邑、房一邑、倍楮一邑、新偌一邑……"其中提及的关均指国内的关口。

在这里，我们再来看一件出土文物，以探讨相关的问题。1957年在安徽省寿县发掘出土了楚怀王时期名为"鄂君启节"的船舶通行证。鄂是今天湖北省的中心，即武汉一带。通行证"舟节"的大致内容如下所示[①]：

> 大司马昭阳败晋师于襄陵之岁，夏□之月，乙亥之日，王居于茂郢之游宫。大工尹□□铸金节。屯三舟为舿，五十舿，舿岁能返。自鄂往，逾湖，徒（涉）汉，庚邡，庚芑易，逾汉，庚郢，逾夏，内□，逾江，庚□（彭）□，庚松易，内浍江，庚爰陵，徒（涉）江，内湘，庚□，庚□易，内□，庚郜，内□、沅、澧、□、徒（涉）江，庚木关，庚郢。见其金节毋征，毋舍桴饲；不见其金节则征。如载马、牛、羞以出内关，则征于大府，毋征于关。

其余内容几乎都较为一致，在管理车辆的"车节"部分标明了禁运的物品目录。

> 毋载金、革、黾（龟）、箭……

通过出土文物上书写的铭文，我们可以获取大量的有用信息。值得庆幸的是，这张通行证的年代可考，即大司马昭阳击溃魏国军

---

① 里面存在至今无法解读的汉字，郭沫若以来的学者们对其中众多汉字的解释众说纷纭，但是凭借现在字形已经得到确定的汉字，我们也可以大致解读篇章的意思。作者在此参考了武汉大学简帛研究中心网站上公开的研究成果（陈伟：《鄂君启节》——延绵30年的研读，http://www.bsn.org.cn/show_article.php？id=1136）。

队的那一年，为战国时代中期。

第一，商人运输的商品规模极其庞大。楚国商人驾乘足足五十艘船舶航行江面。一艘船可以运载的货物量到底有多大呢？我们从"车节"中可以找到答案。

如马、如牛、如特，屯十以当车。

车辆运输的上限为一次五十辆车，大致用牛或马进行换算的话，能够通过关口的最大数量为五百头。而将三艘小船连接而成的大船必然会比车辆的体积要大，所以船运也自然会比陆运装载的货物更多。

第二，必须预先支付一定的金钱，才可以获得通行证。中国政府使用商业许可证的历史由来已久，其痕迹保留至今。举一个不是非常久远的例子，明朝为了控制蒙古部族，发行了名为"金牌信符"的贸易许可证。族长们通过此信符便可以积蓄财富，为了争夺这种信符，他们甚至还展开了斗争。国内的商人们为了从国家那里得到铁、茶、盐等物品的交易权，需要向国家支付钱财以获得许可权。因而，不能认为能够在国内免除关税通关的通行证是免费的。如果免费的话，那么谁都可以获得此通行证免税通关。这种通行证其实是一种旨在简化征收关税繁琐手续的信物，在一定程度上也具有进步的意义，但是商人们希望的还是实现真正的无关税。

第三，商人们必须在规定的路线内进行贸易。凭借通行证可以免税通过的地区都有明确的标记。如果进入其他地区，必然还需缴纳关税或者受到相关的制裁。当然，即便是按照规定的道路，一路上途经的关口也绝对不止一两个。

第四，即使在国内，战略物资的运输也是受限的。因此在与外国有联系的关口，运输的物资受限则是明摆着的事实。铜或金可以被用来制作武器和货币，皮革是制作战车及盔甲的材料，箭则可以直接运用于战场之上。

家畜不由关口，而直接由上层官府（大府）进行管理。这可能是由于家畜并非一般性的商品，而是被作为固定资产，由中央政府直接统计和管理。当然，家畜也算是一种战略物资。军队行军之时，直接携带牛肉具有一定的局限性，所以都会直接牵引活牛。牛是粮食，马则是战国时代战争的重要引擎。马的价格高得惊人，所以能够交易马的商人要么是关口的代理商贩，要么就是民间巨商。

现在来提个问题。楚国盛产金、铜和锡，并以水牛皮和直箭杆而驰名天下。如果是有一定实力的商人，难道不会理所当然地想要贩卖这些物品吗？当然，这些商品也不断地进出关口，销往异地。春秋时代，秦穆公试图攻打郑国但在中途走漏了风声，其原因就在于碰上了正前往周国市场的郑国商人弦高。弦高冒充郑国使者，对秦王说："敢请为大王的军队献上一天的粮食与柴薪。"同时，楚国的水土因不适宜养马，所以那里的马必然依靠进口。通过进口这些商品，商人们可以赚取暴利，当然也有一部分商人为了追逐利益而勾结腐败官吏。司马迁在《史记·货殖列传》中提到："吏士舞文弄法，刻章伪书，不避刀锯之诛者，没于赂遗也。"其中所说的章印难道会不包括关卡的章印吗？

通过以上内容，笔者得出如下结论。商品物资已经以较大规模不断流通运转，其必要性也日益增强。商人们希望摆脱束缚，在各地之间进行合算的商品贸易。因而，他们需要更加灵活与安定的市场环境。再让我们将时间从楚怀王时期向后推移一百年。对于吕不韦，我们还能仅仅将其看作是一个单纯的经商者吗？不，我们应该从那个时代期待更大市场和利润的商人精神层面，重新对其进行解读。接下来，就让我们一起看看吕不韦是如何购买整个天下的。

2. 商人吕不韦

秦始皇可能是中国历史上留下最多争议，同时又拥有众多追随者和反对者的帝王。他结束了战国七雄纷乱的割据局面，认为自己的功劳胜过先前被神格化的古代圣王们，故自称为"始皇帝"。同时，秦始皇建立了当时世界上最大的国家，制定了中央集权的政治体制。

今天的中国仍然受到无休止的离心力的困扰。无论是当时秦始皇想要用一个中心来统治如此庞大的一个帝国，还是想推翻数千年以来无数士人视为理想形态的分权式封建体制，这些都是本身就极其可怕的想法。大秦帝国为后世留下了悠久的历史文化遗产。单从地名这个层面来看，秦朝的地名在之后的两千多年中大部分被继续沿用。同时，无论国家政权如何交替，统治区域几乎没有发生改变。本章中我们将集中探讨秦始皇是如何借助吕不韦的力量一步步走向巅峰的。

吕不韦就是一个商人，他既不开发矿产，也不制造物品，而是往来于各地之间，依靠物品的差价来赚取差额利润。同时，他并不是一个地方商人，而是一个在各个诸侯国之间游走的商人。这里我们主要参考《史记·吕不韦列传》以及《战国策·秦策》来为大家展现一个真正的吕不韦。

根据列传中记载，吕不韦是阳翟的大商人，他往来各地，以低价买进，高价卖出，从而积累起千金的家产。阳翟是韩国许地的一个邑。不过，因吕不韦与一非常美丽而又善舞的邯郸女子同居，所以他的故乡虽是阳翟，但常住地应为赵国的都城邯郸。也只有在这样的大都市中，才能尽显千金商人的权势与威风。这个大商人看到了来邯郸做人质的秦国王孙异人①的价值，立刻下定决心用重金投

---

① 列传中从一开始就将其称为子楚，《战国策·秦策》里提到的"楚"是后来华阳夫人赐予的名字。他原来的名字为"异人"，后来改为"楚"。

资，支持异人。尽管作为人质的异人行色寒酸，但是其背后却是战国时代最强大的国家——秦国。

公元前267年，秦昭王的太子去世，于是昭王立安国君为太子，异人便是安国君的儿子，排行第二，且非正室所生。安国君宠爱正室华阳夫人，而异人的母亲不受宠爱。以异人的身份很难被立为太子，恰巧他作为人质滞留在赵国期间秦国多次攻打赵国，因此，赵国对异人也很仇视。他在赵国的生活很是窘困，就连秦国王室也不向异人提供经济资助，所以，他不仅车马和日常财用不富足，住所也很寒酸，导致他陷入失意之中。正当此时，他进入了吕不韦的视线。吕不韦在邯郸见到异人之后，凭生意人特有的预感，说道："异人就像一件奇货，可以囤积居奇，以待高价售出。"

于是他前去拜访异人，对他游说道："我能光大公子的门庭。"

异人笑着说："你姑且先光大自己的门庭，然后再来光大我的门庭吧！"

吕不韦回答说："公子这就不懂了啊，我的门庭要靠公子的恩德才能光大。"

听到这些话，异人便心知吕不韦所言之意，就拉他坐在一起深谈。

吕不韦说："秦王已经老了，安国君被立为太子。我私下听说安国君非常宠爱华阳夫人，华阳夫人没有儿子，但她能参与选立太子。现在公子的兄弟有二十多人，公子只是其中一名而已，不受秦王宠爱，长期滞留异国当人质。即使秦王薨逝，安国君继位为王，公子也无法同长兄和早晚都在秦王身边的其他兄弟争太子之位。"

异人问道："那么，我到底该怎么办呢？"

吕不韦说出自己的对策，道："公子不仅贫窘，而且客居在此，拿不出什么来献给亲长，结交宾客。我吕不韦虽不富有，但愿意拿出千金来为公子西去秦国游说，侍奉安国君和华阳夫人，让他们将来立公子为太子。"

异人于是顿首拜谢道："如果实现了您的计划，我愿意和您共享秦国。"

这样说定密约之后，吕不韦便拿出五百金送给异人，作为日常生活和结交宾客之用；又拿出五百金购买珍奇玩物，亲自带着西去秦国游说。他先拜见了华阳夫人的姐姐，然后把带来的东西统统献给了华阳夫人。

同时吕不韦还设法向华阳夫人传话："公子异人聪慧贤能，结交众多诸侯宾客，熟悉天下大势，常常说'我异人把夫人看作天一般，日夜哭泣思念太子和夫人'。"

华阳夫人听到这些话非常高兴。吕不韦乘机又让华阳夫人的姐姐劝说华阳夫人道："我听说用美色来侍奉别人的，一旦色衰，宠爱也就随之减少。现在夫人侍奉太子，甚被宠爱，却没有儿子，不如趁这时早一点在太子的儿子中结交一个有才能而孝顺的人，立他为继承人而又像亲生儿子一样对待他。如此，太子在世时您受到尊重，太子百年之后，您的养子继位为王，您终身也不会失势。这就是人们所说的一句话能得到百世的好处啊。不在容貌美丽之时树立自己的势力根基，一旦等到容貌变老，宠爱失去后，就算想说上一句有威力的话，还会有可能吗？现在异人贤能，而他自己也知道排行居中，按次序是不能被立为继承人的，且他的生母又不受宠爱，自己就主动依附于夫人，夫人若真能在此时提拔他为继承人，那么夫人一生在秦国都将会受到尊宠的。"

这个故事出自《史记·吕不韦列传》，而若按照《战国策·秦策》当中的记载，吕不韦游说的则是华阳夫人的弟弟阳泉君。无论如何，吕不韦定然想尽了各种办法进行游说。他对阳泉君说道："阁下可知？阁下罪已至死！"

吕不韦竟然敢向秦国的郡侯问罪，那么他到底想表达怎样的内容呢？

"您门下的宾客无不位高势尊，相反太子门下无一显贵。而且阁下府中珍珠宝玉多不可数，马棚满是骏马，美人来来往往，如今大王年事已高，一旦驾崩，太子执政，阁下则危如累卵，生死危在旦夕。我有方法能解决这一切问题，可令阁下富贵万年且稳如泰山，定能解除阁下的后顾之忧。"

听了这些话，阳泉君心里一惊，急忙让座施礼，恭敬地请教。吕不韦献策道：

"大王年事已高，王后①却无子嗣，子傒继位后一定会重用秦臣士仓。假若大王突然驾崩，子傒登上王位，士仓掌事的话，王后的门庭必定长满野草，萧条冷落，成为废墟。现在滞留在赵国为质的公子异人德才兼备，没有母亲在宫中庇护，每每翘首西望家邦，无比盼望重回秦国。王后倘若能立异人为太子，异人就相当于从没有国家到拥有国家，他肯定会感念华阳夫人的恩德，而无子的华阳夫人也相当于有了儿子和日后的依靠。"

听了吕不韦的游说之后，阳泉君已然清楚其用意，便劝华阳夫人将公子异人从赵国接回秦国，认作养子。现在让我们再次将这些内容与列传中的内容结合起来。华阳夫人听了这些话，就趁合适的机会向丈夫安国君游说道："异人虽然去赵国做了人质，但非常贤明，来往的人都称赞他。"

接着她就掉下眼泪，说道："臣妾有幸进宫，但不幸无子，臣妾希望能将异人认作养子，以便日后有个依靠。"

安国君答应了自己宠爱的夫人的请求，就和夫人刻下玉符，约定立异人为继承人。此后，秦国王室将众多财物通过吕不韦转给异人，异人的名声也在诸侯中逐渐传开。

接下来我们就来看一看日后成为始皇嬴政诞生的奇异故事。如前文所述，吕不韦在邯郸与一非常美丽而又善跳舞的女子同居，并

---

① 《战国策·秦策》中将华阳夫人称为王后，这是因为此时安国君已经继位为王。《战国策·秦策》的创作时间要比《史记·吕不韦列传》晚了几年。

知道她有孕在身。公子异人和吕不韦一起饮酒，看到此女后非常喜欢，就站起身来向吕不韦请求将此女送给他。吕不韦很生气，但转念一想，已经拿出全部家当在异人身上进行了风险投资，只好忍下怒气，献出了这个女子。这个女子便是日后的赵姬。赵姬临盆生下一子，名政，也就是后来的秦始皇。笔者对此也半信半疑，这样一来，秦始皇就是吕不韦的儿子了。根据《史记·秦本纪》的记载，嬴政生于秦昭王四十八年（前259）。那是怎样的一年呢？那一年正是长平大战之后不久，赵国大军已被杀得片甲不留，秦军正欲乘胜包围赵都邯郸。

公元前257年，秦国派王龁围攻邯郸，秦军攻势日渐紧逼，赵国便想处死异人。对于这一部分，《史记·吕不韦列传》和《战国策·秦策》记载的内容有所不同。首先来看列传的内容。吕不韦足足拿出六百金贿赂看守人质者，异人才得以脱身，逃到秦军大营，从而顺利回国。赵国又想杀异人的妻子和儿子，由于娘家帮助躲藏，赵姬母子二人得以保全了性命。赵姬的父亲似乎是一位颇有财力的富豪。然而在《战国策·秦策》的记载中，秦国要求赵国送回异人，但是赵国不肯放行，于是吕不韦就去游说赵王。

"异人是秦王宠爱的公子，只是失去了母亲（或者没有母亲的照顾），现在王后想让他做自己的儿子。大王试想，假如秦国真的要攻打贵国，也不会因为一个公子的缘故而耽误灭赵大计，贵国不是空有人质了吗？如果贵国以厚礼好生相送，让其回到秦国继位为王，公子是不会忘记贵国的恩德的，自然会加强与贵国之间的友好交往。如今秦王已经老迈，一旦突然驾崩，贵国虽仍有异人为质，如果异人不能回国继位，贵国也不会有足够的资本与秦国亲近。"

赵孝成王觉得吕不韦所言有理，便答应将异人放回秦国。笔者认为《战国策·秦策》关于这部分内容的记载更加符合事理。人质虽小，但也是有用的一笔财产。即使是为了用于协商谈判，也必须留下活口。虽然无法得知当时的具体情况如何，但是可以想象异人肯定经历了各种曲折，才得以回到秦国。根据《战国策·秦策》的记载，异人回到秦国后，吕不韦故意让他身着楚服晋见华阳夫人。华阳夫人对此十分感动，并说道："我就是楚国人。"

于是华阳夫人就为异人赐名"楚"，让异人以后就用这个新名字，从那以后，异人便被叫作子楚。

我们重新梳理一下列传的记载就会发现，之后的事情便较为顺利。秦昭王驾崩后，安国君继位，之后子楚就被封为太子。在子楚成为太子之后，赵国又将赵姬和嬴政母子送回秦国。孝文王，即安国君短寿，很快便离开人世。后来子楚继位，是为庄襄王。庄襄王一即位，华阳夫人便成为华阳太后，吕不韦也因此走上了乘胜长驱的人生大道。庄襄王信守当年的约定，不仅任命吕不韦为丞相，封为文信侯，还将河南洛阳十万户作为他的食邑。洛阳不正是周朝的都城洛邑吗？而灭亡绵延天下的周朝之人正是吕不韦。

庄襄王的寿命也不长，即位三年之后便驾崩离去，其子嬴政继位，也就是后来的秦始皇。当时嬴政的年纪只有十三岁，像齐桓公称呼管仲一样，嬴政称吕不韦为"仲父"，政治大权握在相国吕不韦手中。据说赵太后，即之前的赵姬，因儿子年纪幼小，且丈夫庄襄王去世，便与其之前的丈夫吕不韦旧情复燃。当时，吕不韦权倾一时，光家里的奴仆就有一万余人。

历史的潮流并非一成不变。范雎像彗星一样突然出现，夺取了穰侯魏冉的权势，使秦昭王成为名副其实的君王。现在秦昭王死去不过几年，秦国便重新回到吕不韦等郡侯把持朝政、操纵王权的局面。吕不韦效仿战国时代山东的诸多公子，像旧时的孟尝君，当时的春申君、平原君、信陵君一样，意图招揽数千名食客。不过，吕不韦不仅招徕食客，还进一步深化这种举动，组织食客开展文化创作活动，其结果便是编撰了《吕氏春秋》。仅凭这一点，笔者也会对吕不韦作出高度评价。如果不是他的话，历史就会出现众多空白，笔者在写这本书的时候同样也会遭遇很大的困难。在《吕氏春秋》

编辑完成之后，吕不韦就把书的内容铺开在咸阳市场的门上，扬扬自得地宣布道："诸侯各国的游说家或宾客，若有人能增删一字，我将给予一千金的奖励。"

后来辅佐秦始皇完成天下统一大业的李斯也是吕不韦的门下，由此可以猜测出吕不韦的门下究竟聚集了数量多么庞大的门客，而这些门客之中又有多少人倚仗他的支持登上了秦国的政治舞台。下文的内容是《吕氏春秋》的序文，这部分内容将吕不韦作为文信侯的狂傲之气表现得淋漓尽致。难道他的口气不像是对天下之理了如指掌的圣人，或者统治天下的君王吗？

维秦八年，岁在涒滩，秋甲子朔。朔之日，良人请问十二纪。

文信侯曰：尝得学黄帝之所以诲颛顼矣，"爰有大圜在上，大矩在下，汝能法之，为民父母。"盖闻古之清世，是法天地。凡十二纪者，所以纪治乱存亡也，所以知寿夭吉凶也。上揆之天，下验之地，中审之人，若此则是非可不可无所遁矣。

天曰顺，顺维生；地曰固，固维宁；人曰信，信维听。三者咸当，无为而行。行也者，行其理也。行数，循其理，平其私。夫私视使目盲，私听使耳聋，私虑使心狂。三者皆私设，精则智无由公。智不公，则福日衰，灾日隆。以日倪而西望知之。

——《吕氏春秋·季冬纪·序意》

登上王位的嬴政会如何看待从生意人一跃成为郡侯的气焰嚣张的吕不韦呢？吕不韦果真会像自己豪言壮语宣称的那样有本事吗？他用谋略获得的地位究竟能否再凭谋略继续维持呢？

结 论

战国时代君主的必备素质
——反省与学习

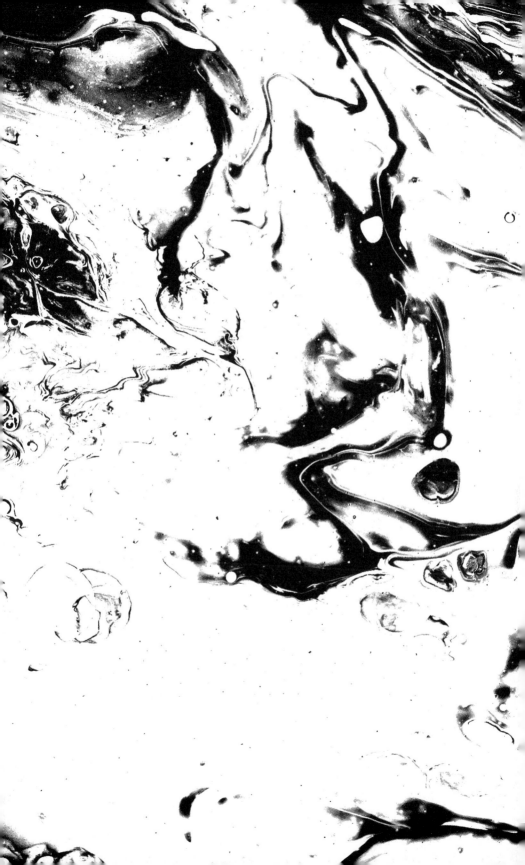

到了可以下结论的时间了。前面我们总是从第二者或是侠客的视角去认识世界，现在我们抬高高度，从君主和第一者的视角来研究一下当时吧。

在本书中所提到的在秦楚、秦赵相争的旋涡中，关于赵孝成王和楚顷襄王遭受耻辱的部分，是我们不愿面对却又不得不面对的事实。然而，无论是赵孝成王，还是楚顷襄王，虽然算不上至高无上的贤明君主，但至少还算得上懂得反省的人。魏国的安釐王被眼前利益所蒙蔽，致使魏无忌沉迷饮酒，抑郁而终，但是在需要的时候还是会对人才加以任用，并且也知道宽恕别人的过失。不过，这世界上反复犯错却又不知反省的君主何其多？楚顷襄王、赵孝成王、魏安釐王虽然算不上明君，但是也算不上昏君。战国时代有诸多君主都跟他们几个差不多。

现在我们来分析一下战国时代的君主们吧，这其中当然是不包括秦国国君的。不管什么时候，只要处于劣势，就必须得看别人的脸色；机会来了的话，也必须做出为私利抛弃大义的事情。自己手中的权力必须要守住，外交大势必须要读透，紧急的时候甚至也要亲自披挂上阵。当然了，我们都不是英雄。然而，即使不是英雄，假若登上了领导者的位子，也必须学习英雄。

我们先来看一下在长平之战中痛失数十万名将士的赵孝成王吧。在《战国策·赵策》中记载了这样的一个故事，故事的主人公就是孝成王[1]。

> 郑同北见赵王。赵王曰："子南方之博士也，何以教之？"
>
> 郑同曰："臣南方草鄙之人也，何足问？虽然，王致之于前，安敢不对乎？臣少之时，亲尝教以兵。"
>
> 赵王曰："寡人不好兵。"
>
> 郑同因抚手仰天而笑之，曰："兵固天下之狙喜也，臣故意大王不好也。臣亦尝以兵说魏昭王，昭王亦曰：'寡人不喜。'臣曰：'王之行能如许由乎？许由无天下之累，故不受也。今王既受先王之传，欲宗庙之安、壤地不削、社稷之血食乎？'王曰：'然。'今有人操随侯之珠，持丘之环，万金之财，时宿于野，内无孟贲之威，荆庆之断，外无弓弩之御，不出宿夕，人必危之矣。今有强贪之国，临王之境，索王之地，告以理则不可，说以义则不听。王非战国守围之具，其将何以当之？王若无兵，邻国得志矣。"
>
> 赵王曰："寡人请奉教。"

郑同的话跟赵奢几乎如出一辙。战争非同儿戏，力气大又有智略的人会取得胜利。想要夺走江山的人正虎视眈眈地觊觎着，我们又怎能不熟读兵法呢？赵孝成王罢用廉颇之后被打败，这是忘记了兵法的根本啊。我们如果是赵孝成王的话，就必须要向赵奢学习兵

---

[1] 魏昭王死于公元前277年，那之后的赵国国王应该是惠文王或是孝成王。《庄子·说剑》中记载惠文王对军事非常感兴趣，公元前277年之后已经是上了年纪的非常老成的人了，应该不会故作斯文地说那些话。

法。作为统治者，必须要懂得战争的技巧，同时还要善于发现善于打仗的人。仁义的对象应该是本国而非他国。

现在我们再来看一下魏安釐王吧。他总是对秦国抱有幻想，以为好好侍奉秦国的话，秦国就不会攻打他。每当秦国攻打别国的时候，他总是觉得幸好不是自己国家被攻打。然而，如我们所知，秦国在解了邯郸之围后，就前去攻打魏国了。秦国都攻击什么样的国家呢？《战国策·魏策》中有如下描述：

　　秦国解除对赵都邯郸的包围之后，又去攻打魏国，攻下了魏国的宁邑。吴庆担心魏王与秦国结盟，便对魏王说："秦国进攻大王，大王可知道是为什么吗？是诸侯都说魏国距离秦国近吗？秦国距离魏国并不近，而是秦国胁迫魏国。是诸侯都说魏国弱吗？可魏国并不比东周、西周弱。秦军离开赵都邯郸经过东周、西周进攻魏国，是因为大王容易控制的缘故。大王可知道软弱是可以招来进攻的吗？"

多么透彻的分析！秦国所攻击的国家并非它讨厌的国家，而是弱小的国家。双方发生战斗的情况下，国家如果弱小，那么就是这个国家君主的原罪，君主如果对他国抱有不切实际的幻想的话，那就只能为他人所驱使。我们如果是安釐王的话，理所当然地应该向吴起或是魏无忌这样的人学习。所谓的侥幸，仅仅可以在随机的概率游戏中期待其发生，当面对按照严密规则行动的大国军队之时，期待侥幸是不明智的。

现在我们再看一下失去了国都之后的楚顷襄王吧。前面庄辛曾经给楚顷襄王做了一个黄鹄在空中慢悠悠地飞，结果被人用箭射下来的比喻。《战国策·楚策》中有他说的关于这个故事的最后一段话，他是这样说的：

那黄鹄的事可能是小事，其实蔡灵侯的事也是如此。他曾南到高陂游玩，北到巫山之顶，饮茹溪里的水，吃湘江里的鱼；左手抱着年轻貌美的侍妾，右手搂着如花似玉的宠妃，和这些人同车驰骋在高蔡市上，根本不管国家大事。却不知道那子发正在接受宣王的进攻命令，他将要成为阶下之囚。蔡灵侯的事只是当中的小事，其实君王的事也是如此。君王左边是州侯，右边是夏侯，鄢陵君和寿陵君始终随着君王的车辆，驰骋在云梦地区，根本不把国家的事情放在心上。然而君王却没料到，穰侯魏冉已经奉秦王命令，在黾塞之南布满军队，州侯等却把君王抛弃在黾塞以北。

　　整日被阿谀奉承的小人围着的话，就难以洞察外部世界的大势；天天享受鲜美的肉食，肯定也难以想象草根木皮的难以下咽。生活在低处的平民摔倒的话，摔伤的可能只是胳膊；而如果身居高位的君王跌落的话，摔折的就是全身了。所以只懂得身居高位的快乐的人是不配做君王的。我们如果是楚国的顷襄王的话，比起每天与阿谀奉承的小人为伴享受自然的生活，更应该做的是与庄辛这样的人一起正视现实。

　　一生下来就熟知一切的人是不存在的。王位是通过继承得来的，而能力却不是这样的。因而，如果不想失去自己的王位的话就只能不间断地学习。即使是在统一时代继承了数代先君们积累的伟业，且能力一流的帝王，也免不了会担心江山社稷一夜之间倾覆，更何况对于战国时代这样一个非和平统一时代的资质平平的君王呢。他们只能比一般人更加努力地学习了。上述三位君主虽然也曾经犯下不小的失误，但是完全被灭亡的原因又不仅在此。应该是因为他们惊觉自己的错误，继而努力学习和反省了吧。既要懂得兵法又要熟悉外交，还要善于约束自身，控制自己的欲望。在战国时代做一个君主，确实是一件不容易的事情。

主要国家诸侯在位年表

年份	东周	秦	齐	楚	晋	赵	魏	韩	燕
前460			平公						孝公
前455									
前454					出公				
前453	贞定王					桓子			
前452		厉共公							
前451				惠王					成公
前445						襄子		康子	
前442					哀公				
前440									
前438		躁公							
前433	考王		宣公						
前431									
前428		怀公			幽公				
前425									闵公
前424						桓子			
前423		灵公		简王			文侯		
前415						献侯		武子	
前414	威烈王								
前410									
前408		简公							
前407				声王	烈公			景侯	
前404						烈侯			简公
前401									
前399									
前395	安王	惠公	康公	悼王				烈侯	
前388					桓公		武侯		
前386		出子				敬侯		文侯	

年份	东周	秦	齐	楚	晋	赵	魏	韩	燕
前384									
前383			康公	悼王	桓公	敬侯			
前380								文侯	
前379	安王	献公	姜齐灭亡田齐开始	肃王	静公	武侯	武侯		简公
前376			田剡						
前375					晋国灭亡			哀侯	
前374	烈王		桓公			成侯			
前370								懿侯	
前369									
前368				宣王					桓公
前362									
前361			威王					昭侯	文公
前356		孝公							
前349									
前339	显王			威王		肃侯	惠王		
前337									
前334									
前332									
前328				怀王				宣惠王	易王
前325			宣王			武灵王			
前324		惠文王							
前320									
前319	慎靓王								燕王哙
前318							襄王		
前314									
前311								襄王	
前310		武王							
前307									
前306									昭王
前301	赧王								
前300			湣王						
前298						惠文王			
前295		昭襄王		顷襄王			昭王	釐王	
前283									
前278			襄王						惠王
前276									
前272							安釐王	桓惠王	
前271									武成王

续表

年份	东周	秦	齐	楚	晋	赵	魏	韩	燕
前265	赧王	昭襄王	襄王	顷襄王					武成王
前264									
前262						孝成王	安釐王	桓惠王	
前257									孝王
前256	周亡			考烈王					
前254									
前250		孝文王							
前249		庄襄王							
前246		秦王政（秦始皇）	齐王建						燕王喜
前244									
前242						悼襄王			
前238							景湣王	韩王安	
前237				幽王					
前235						赵王迁			
前227				楚王负刍			魏王假	韩国灭亡	
前225						代王嘉	魏国灭亡		
前223				楚国灭亡					
前222						赵国灭亡			燕国灭亡
前221			齐国灭亡						

主要事件

年份	事件
前 279	渑池之会中，蔺相如随事赵王，当面斥责秦王。
前 278	秦将白起在经年累月的持久战之后，攻克楚国都城。
前 273	白起在华阳大败魏赵联军，斩首十万名以上魏赵士兵。
前 270	赵奢大破入侵阏与的秦军。
前 265	魏冉失势，范雎上台，实行远交近攻政策。
前 261—前 260	白起在长平屠杀四十万名赵国俘虏。
前 257—前 256	信陵君魏无忌与楚国春申君解邯郸之围。
前 251	燕国认为长平、邯郸之战后赵国元气大伤，于是前来攻赵，廉颇迎战，大败燕军，包围燕国都城。
前 249	秦相国吕不韦摧毁周朝社稷，从此，名义上的宗主国消失了。
前 247	信陵君魏无忌率领五国联军，直击函谷关。
前 246	秦王嬴政（后来的秦始皇）登基。

图书在版编目（CIP）数据

春秋战国．第 9 卷，远交近攻／〔韩〕孔元国著；宋文静译．—上海：上海三联书店，2023.5
ISBN 978-7-5426-8017-4

Ⅰ．①春…　Ⅱ．①孔…　②宋…　Ⅲ．①中国历史－春秋战国时代－通俗读物　Ⅳ．① K225.09

中国国家版本馆 CIP 数据核字（2023）第 039428 号

春秋战国·第九卷·远交近攻

著　　者／〔韩〕孔元国
译　　者／宋文静
责任编辑／王　建
特约编辑／苑浩泰
装帧设计／鹏飞艺术
监　　制／姚　军
出版发行／上海三联书店
　　　　　（200030）中国上海市漕溪北路331号A座6楼
邮购电话／021-22895540
印　　刷／天津丰富彩艺印刷有限公司
版　　次／2023 年 5 月第 1 版
印　　次／2023 年 5 月第 1 次印刷
开　　本／960×640　1/16
字　　数／130千字
印　　张／15.75

ISBN 978-7-5426-8017-4/K·712

定　价：49.80元